ein Ullstein Buch

ÜBER DAS BUCH:

In diesem Buch hat ein Philosoph unter den Humoristen gesammelte Erfahrungen und Erkenntnisse auf den satirischen Punkt gebracht. Hier kann man nachschlagen, was die treffendste Formel für ewiges Eheglück ist, was Kishon rät, wenn der Haussegen schief hängt, wie man dem Fernsehfieber beikommt, was man in Wutanfällen zu Nachbarn am besten sagt, um sie endgültig loszuwerden, wie die Meinung von Politikern wirklich zu verstehen ist, was von der Zukunft zu erwarten ist und was nicht, und vieles mehr. Ein humoristisch gemeinter, aber an praktikablen Erkenntnissen reicher satirischer Erste-Hilfe-Kurs für die ganze Familie, in kleinen Portionen zu genießen oder auch im gesellschaftlichen Kreis wirkungsvoll anzuwenden.

DER AUTOR:

Ephraim Kishon, am 23. August 1924 als Ferenc (Franz) Hoffmann in Budapest geboren. Studium der Kunstgeschichte und Besuch der Kunstakademie. 1949 Auswanderung nach Israel, wo er von einem Einwanderungsbeamten den Namen erhielt, unter dem er weltberühmt wurde. Er arbeitete zunächst in einem Kibbuz und publizierte seit 1952 politisch-satirische Glossen in verschiedenen Tageszeitungen. Ephraim Kishon lebt als freier Schriftsteller in Tel Aviv.

Ephraim Kishon
für alle Fälle

327 unbrauchbare Lebensweisheiten

Illustriert von Rudolf Angerer

ein Ullstein Buch

ein Ullstein Buch
Nr. 22114
im Verlag Ullstein GmbH,
Frankfurt/M – Berlin
Redaktion: Brigitte Sinhuber-Erbacher

Ungekürzte Ausgabe

Umschlagillustration:
Rudolf Angerer

Taschenbuchausgabe
mit Genehmigung des
Albert Langen-Georg Müller
Verlags, München/Wien

Printed in Germany 1989
Druck und Verarbeitung:
Ebner Ulm
ISBN 3 548 22114 9

Juni 1989

Vom selben Autor
in der Reihe der
Ullstein Bücher:

Drehn Sie sich um, Frau Lot! (3427)
Der seekranke Walfisch (3428)
Wie unfair, David! (3429)
Pardon, wir haben gewonnen (3430)
Der Fuchs im Hühnerstall (3431)
Kishons beste Familiengeschichten (20001)
Der quergestreifte Kaugummi (20013)
In Sachen Kain & Abel (20025)
Es war die Lerche (20033)
Mein Freund Jossele (20053)
Kishon für Kenner (20065)
Wenn das Auto Schnupfen hat (20137)
Schokolade auf Reisen (20158)
Kishons beste Reisegeschichten (20333)
Kishons beste Tiergeschichten (20527)
Kein Öl, Moses? (20569)
Abraham kann nichts dafür (20723)
Beinahe die Wahrheit (20766)
Im neuen Jahr wird alles anders (20981)
Kein Applaus für Podmanitzki (20982)
Der Hund, der Knöpfe fraß (40012)

CIP-Titelaufnahme
der Deutschen Bibliothek

Kishon, Ephraim:
Ephraim Kishon für alle Fälle: 327
unbrauchbare Lebensweisheiten / ill. von
Rudolf Angerer. – Ungekürzte Ausg. –
Frankfurt/M; Berlin: Ullstein, 1989
(Ullstein-Buch; Nr. 22114)
ISBN 3-548-22114-9
NE: GT
Vw: Hoffmann, Ferenc [Wirkl. Name] →
Kishon, Ephraim

In diesem Buch ist jede Ähnlichkeit mit lebenden Personen rein zufällig. Aber auch eine zufällige Ähnlichkeit ist eine Ähnlichkeit.

Selbstkritik

Ein humoristisches Werk ist entweder amüsant oder unerträglich. Ein Mittelding ist unvorstellbar. Ebensowenig wie eine Telefonnummer, die ungefähr stimmt, oder eine Frau, die ein bißchen schwanger ist.

Steuerreform

Der Bürger hat eine ganz einfache Möglichkeit, die unerbittlichen Steuergesetze auf legale Weise zu umgehen. Den Kinderwagen läßt er als Firmenfahrzeug registrieren und die Firma auf den Namen seiner Frau eintragen, dann versichert er seine Gattin gegen Feuer und zündet sie an.

Ostpolitik

Die Frauen im Nahen Osten dürfen erst dann sprechen, wenn ihr Mann es erlaubt hat. Bisher ist noch kein Fall dieser Art bekannt geworden.

Defizit

Nach verläßlichen Angaben sterben im menschlichen Gehirn, wenn man einmal über 50 ist, täglich Millionen grauer Gehirnzellen ab. Durch Alkoholgenuß wird dieser Prozeß noch gefördert, behaupten die Experten.
Da ich über 50 bin, zog ich kürzlich meinen Taschencomputer zu Rate, multiplizierte die Anzahl meiner Jahre mit 365, fügte sechs Nullen hinzu und kam zu dem Ergebnis, daß ich bereits im Minus bin.

Gelbsucht

Wenn jeder Chinese nur einmal spuckte, dann würde das Mittelmeer überlaufen, und wenn jeder Chinese sich nur eine Minute verspäten würde, wäre die Welt heute erst im Jahre 1857.

Eisprung

Auf die alte Frage, ob zuerst das Ei da war oder die Henne, weiß ich auch heute keine Antwort. Ich weiß nur, daß ich in einem voll besetzten öffentlichen Verkehrsmittel lieber mit einer Henne fahren würde als mit einem Ei.

Kommunizierende Gefäße

Bei den unvermeidlichen Wasserrohrbrüchen in der Wohnung über uns stellen wir, wo immer Platz dafür ist, Töpfe und Pflanzen auf und haben nach kurzer Zeit das Wasser gezähmt. Wir haben es sozusagen umzingelt. Wenn die Töpfe und Pfannen sich gefüllt haben und überfließen, nimmt man eben größere Töpfe und Pfannen, und dank einer pfiffigen Anordnung fließt das Wasser von den kleinen Töpfen in die größeren. Das System hat einen einzigen Schwachpunkt. Daß nach einiger Zeit auch die größeren Töpfe voll sind und überfließen.

**Gott sieht alles,
außer Dallas.**

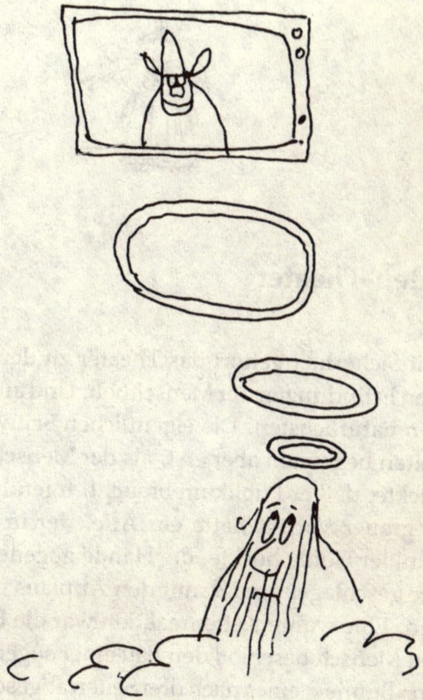

Kinderliebe

Babys sind süße, rosige Geschöpfchen, die man unausgesetzt herzen und kosen möchte, damit sie endlich zu brüllen aufhören.

Eden-Theater

Mit Sicherheit gehört das Theater zu den ältesten Erfindungen der Menschheit. Und auch zu den natürlichsten. Die eigentlichen Schwierigkeiten begannen aber erst, als der Mensch entdeckte, daß er Publikum braucht. Irgendwann in grauer Vorzeit hatte ein Affe, der in halbdunkler Höhle hockte, die Hände gegeneinander geschlagen und damit den Applaus erfunden. Eine wahre Kettenreaktion war die Folge. Der Mensch beschloß den Bau einer sogenannten »Bühne«, eines nach drei Seiten abgeschlossenen und nach vorn geöffneten Raumes, in dem er sich natürlich bewegte. Er beschloß ferner, die Worte, die er sprechen wollte, vorher festzulegen, aber gleichzeitig so zu tun, als wären sie ihm eben erst eingefallen. Der Enthusiasmus, mit dem er dieser Vorstellung oblag, übertrug sich auch auf die Zuschauer, die ihrerseits so taten, als ob sie an diesen absurden Vorgang glaubten ...

Warnung

Man muß bei modernen Ausstellungen sehr vorsichtig sein. Selbst eine Tafel »Bitte, die Kunstobjekte nicht berühren« kann ein Kunstobjekt sein, vielleicht sogar ein rein metaphysisches.

Mißverständnis

Wer einem großen Politiker Moral abverlangt, erinnert an den Zuschauer, der mitten in einer Vorstellung von Shakespeares »Richard III.« dem Schauspieler der Titelfigur empört zuruft: »Du solltest dich schämen, du Schuft!«

Marx

»Seien Sie nur ja vorsichtig, mein Herr«, warnte mich ein Taxichauffeur in Budapest, »wenn man hier jemanden im Besitz illegal erworbener Devisen erwischt, so landet er glatt für fünf Jahre hinter Gittern . . .«
»Gesetz ist Gesetz«, stimmte ich zu und fragte, »was schulde ich Ihnen für die Fahrt?«
»Sechzig Forint«, antwortete der Taxifahrer, »aber wenn Sie in schwarzen Devisen zahlen, so berechne ich Ihnen einen phantastischen Wechselkurs von 21 Forint pro Mark . . .«

Zweisamkeit

Ich liebe dich.

Sag's noch einmal!

Ich liebe dich.

Noch einmal!

Gib schon Ruh.

Du liebst mich nicht.

Doch, ich liebe dich.

Ich dich aber leider nicht.

Hightech

Die Erfahrung lehrt, daß jene Alarmanlagen am effektivsten sind, die sofort nach dem Einbruch installiert werden.

Marathon

Das Gespräch fließt dahin: Wie geht's, danke, wie immer, freu mich, Sie zu sehen, man kann ja mit niemandem mehr reden, scheußliches Wetter, na und die politische Lage, und die Preise sind auch schon wieder gestiegen, dafür sinkt die öffentliche Moral, was macht die Familie, Ihre liebe Gattin, so ist das Leben, etwas anderes war ja nicht zu erwarten, was Sie nicht sagen, wer hätte das gedacht und so weiter und so fort und so lange, bis wir beide, mein Nachbar und ich, alles besprochen haben, was uns zu Hause und in der Welt auf die Nerven geht, innen und außen, oben und unten, und dann sind wir so erschöpft, daß wir kaum noch stehen können, und halten uns unter dem Vorwand eines Händedrucks aneinander an und murmeln, daß wir bald einmal zusammenkommen sollten und grüßen Sie zu Hause und ich werde Sie anrufen – und dann sagt er, seine Hand noch in der meinen:
»Und wie geht's Ihnen sonst?«

Skandal

Veterinärmedizin ist das einzige Gebiet in der Medizin, das dem Arzt erlaubt, seine Patienten zu verspeisen.

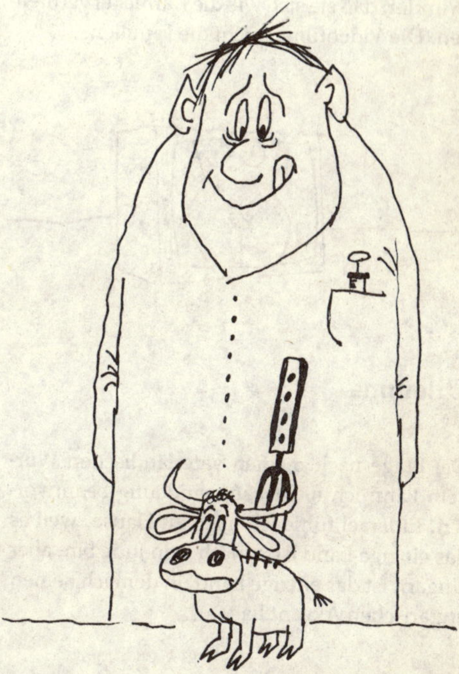

Pluralismus

Es ist zum ersten Mal in der Kulturgeschichte der Menschheit möglich geworden, daß sich ein Mann im Schoß seiner kleinen Familie ganz legal einen Pornofilm anschauen kann. Kein Wunder, daß sie sich wie die Karnickel vermehren. Die Videofilme, nicht die Familien.

Dilemma

Die Frage nach meinen vaterländischen Wurzeln kann ich nicht ganz eindeutig beantworten. In Israel fühle ich mich zu Hause, weil es das einzige Land ist, wo ich kein Jude bin, aber Ungarn ist das einzige Land, in dem ich keinen ungarischen Akzent habe.

Sprachtalent

Der sicherste Weg für einen Ausländer, »der-die-das«-Fehler zu vermeiden, ist: konsequent den Mund zu halten.

Buchhaltung

Das Sozialministerium analysierte kürzlich den Ausgaben-Etat eines Durchschnittsbürgers, dessen deklariertes Monatseinkommen 1590 Mark brutto oder 610 Mark netto betrug und sich auf folgende Posten verteilte:

Hypothek	560
Fernsehgebühr	80
Pkw	140
Telefonrechnung	1050
Haushaltshilfe	400
Versicherung	92
Bücher, Theater, Museen	3
Schnitzel	510
Kleidung	100
Urlaub	350
Verschiedenes	2010
Summe	610

Bedingungslose Kapitulation

Die Frage des Jahrhunderts lautet: Genügt es, einen Krieg zu verlieren, um einen industriellen Aufschwung zu erleben, oder braucht man noch etwas darüber hinaus?

Glücksfall

»Hast du schon deine Hausarbeiten gemacht?«
»Nein. Unser Lehrer läßt sich morgen scheiden.«

Newton

»Woran mag es nur liegen«, fragte mich ein bekannter Physiker, »daß das Gesäß der einheimischen Frau so sehr auf die Anziehungskraft der Erde anspricht und einen unübersehbaren Abwärtstrend aufweist, während die prachtvoll gerundeten Bäckchen der brasilianischen Tänzerinnen den Gravitationsgesetzen zu trotzen scheinen?«

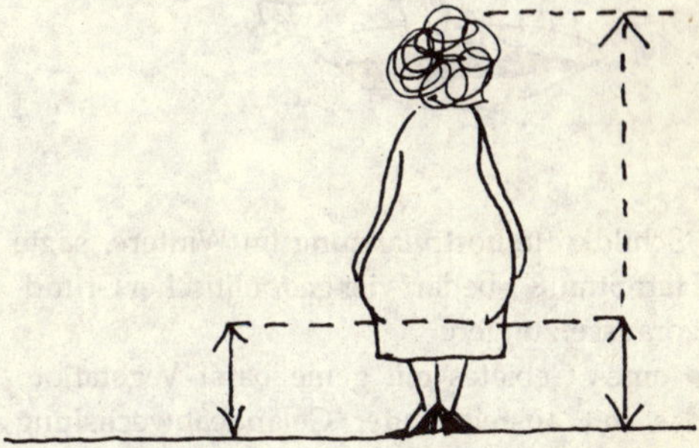

Enzyklopädie

Während eines mittäglichen Interviews überkam mich der unwiderstehliche Drang, Franz Josef Strauß eine Frage zu stellen, auf die er nicht mit einer seiner eloquenten Antworten parieren konnte.

»Die Schildkrötensuppe ist köstlich«, sagte ich, »obwohl es, soviel ich weiß, Probleme mit Schildkröten gibt, weil sie sich im Winter nicht fortpflanzen.«

»Schildkrötenfortpflanzung im Winter«, sagte Herr Strauß, »bedarf vier geopolitischer Grundvoraussetzungen:

- eines Gebietes mit genießbarer Vegetation, das mit ausreichender Geländeabwechslung zwecks Ehestand und Nistmöglichkeiten ausgestattet ist;
- des biologischen Fortpflanzungs- und Arterhaltungstriebes, der auf bestimmte Jahreszeiten beschränkt ist;
- eines Klimas mit Temperaturen, die nicht unter 25 Grad Celsius im Schatten absinken.«

»Ohne Zweifel«, stimmte ich zu, »aber sagten Sie nicht, Herr Strauß, zur Schildkrötenfortpflanzung im Winter seien vier Dinge nötig? Was ist denn nun das vierte?«
»Schildkröten«, sagte Herr Strauß.

Saure Trauben

Die drei Hauptbedingungen für die Ernennung zum Nobelpreisträger für Literatur:
a) Erkennbare Senilität,
b) keine hohe Buchauflage und
c) absolute Humorlosigkeit.

Linguistik

Der hebräische Gruß »Schalom« heißt Frieden. Was »Ciao« bedeutet, habe ich von italienischen Freunden erfahren: Es bedeutet »Ciao«.

Koinzidenz

Ein höchst überraschendes Zusammentreffen war, daß die blühende österreichische Wirtschaft exakt in jener Sekunde, da der Wirtschaftsvirtuose Bruno Kreisky sich pensionieren ließ, unter dem Übergewicht ihrer öffentlichen Schulden einfach zusammengebrochen ist.

Wechseljahre

Auch die beste Ehefrau von allen wird nicht jünger. Vor nicht allzu langer Zeit hat sie das Keuchhusten-Attest unserer Tochter Renana mit der Gebrauchsanweisung für die neue italienische Nudelmaschine verwechselt und konnte daher kein Gas besorgen, was zur Folge hatte, daß wir den ganzen Tag nichts Warmes zu essen bekamen, und seither auch die Nudelmaschine hustet.

Theologie

Wenn ich die Möglichkeit hätte, mit dem Allmächtigen ein Interview zu machen, würde ich ihn als erstes fragen, ob er religiös sei.
Seine Antwort kann ich mir gut vorstellen:
»Ursprünglich stand ich auf der Seite der Orthodoxen, aber jetzt gehen sie mir auf die Nerven. Sie behandeln mich wie einen Schmierenschauspieler, dem der Applaus über alles geht. Jeden Morgen muß ich mir die gleichen langweiligen Lobeshymnen anhören: ›Herrscher der Welt, König der Könige, dem nichts verbor-

gen bleibt, Allmächtiger, dessen Augen alles sehen‹, und so weiter, und so fort. Ich muß schon sagen, diese Einfallslosigkeit beleidigt meine Intelligenz.«

Wechselwirkung

Ohne öffentlichen Skandal ist Kunst heutzutage unverkäuflich. So ist der öffentliche Skandal zur Kunst geworden.

Gruselkabinett

Es gibt Alpträume, in denen man von Frankenstein oder Dracula heimgesucht wird, manchmal sogar von beiden zugleich. Es gibt den sogenannten »Spinnentraum« – da ist man in einem riesenhaften Spinnennetz gefangen, aus dem man sich verzweifelt herauszustrampeln versucht – und kaum hat man die Beine freibekommen, verstricken sich die Hände im unentwirrbaren Gewebe – und umgekehrt – und immer weiter – bis man schweißgebadet erwacht . . .
Glücklicherweise bin ich nicht auf solche Alpträume angewiesen. Ich erreiche den gleichen Effekt in meinem Freundeskreis.

Ausbildung

Ein Lehrer, der von seinen Schülern jeden Tag geohrfeigt wird, verliert allmählich das Gesicht.

Demokratie

Hand aufs Herz, wir würden doch niemals die Politiker wählen, denen wir unsere Stimme geben, wenn die anderen nicht noch viel unsympathischer wären, nicht wahr?

Scharfblick

Ein wasserstoffblondes Mannequin, so hieß es auf einem der jüngsten Werbeplakate der Optikergenossenschaft, begann Kontaktlinsen zu tragen und war nach knapp drei Monaten bereits die geschiedene Frau eines gutaussehenden südamerikanischen Millionärs.

Prominenz

»Excusez«, fragte mich ein sympathischer Schweizer Gentleman, »habe ich recht gehört, der Herr kommt aus Israel und heißt Kishon?«
Mit sonorer Stimme entgegnete ich:
»Ja, mein Herr.«
»Sind Sie vielleicht ein Verwandter des Schriftstellers?«
»Nein, mein Herr, ich bin der Schriftsteller persönlich.«
»Schade«, sagte der sympathische Herr, drehte sich enttäuscht um und ging davon.

Erfahrung

Es hat sich eine schöne Tradition ergeben, derzufolge fast jeder ehemalige Steuerinspektor sofort nach seiner Pensionierung, unter Umständen sogar schon lange davor – aus Gründen der Ausgewogenheit natürlich –, eine private Steuerberatungskanzlei eröffnet. Daß er sich eines großen Zulaufs erfreut, ist ganz klar, weil jedermann zu Recht annehmen muß, daß niemand die edle Kunst des Betrügens besser beherrscht als er.

Kollektivismus

Als ein Kamerad in meinem Kibbuz ein Radio geschenkt bekam, beschloß das Kibbuzsekretariat, daß jeder Kamerad einen ähnlichen Apparat haben müsse. Und als einer nach Nazareth ins Kino fuhr, kam der ganze Kibbuz mit. So ist es nur verständlich, daß ich anläßlich der letzten Jahresversammlung erklärte: »Genossen, ich habe Schnupfen. Ich fordere, daß alle Kameraden niesen!«

Altruismus

Wenn ein verantwortungsbewußter Staatenlenker an den Tod denkt, dann sicherlich nur an den anderer.

Immunität

Es ist eine leider unumstößliche Tatsache, daß sich der kleine Mann den großen Weltereignissen nicht entziehen kann – er wäre denn taubstumm oder ein Schweizer.

Rotes Kreuz

»Es ist keine Schande, rote Haare zu haben, mein Sohn«, begann ich. »Niemand kann sich die Farbe seiner Haare aussuchen, stimmt's? König Davids Haar war flammend rot, und trotzdem hat er Goliath besiegt. Wenn also irgendein Idiot eine dumme Bemerkung über deine Haare macht, dann sage ihm gerade heraus: ›Jawohl, ich bin rothaarig, aber mein Papi nicht!‹«

Monetarische Krise

Es ist nicht überraschend, daß es Leute gibt, die behaupten, daß das Geld die Wurzel allen Übels sei. Man mag zu diesem Ausspruch stehen, wie man will, aber in Zeiten der Geldabwertung ist viel Wahres daran. Denken wir doch an die bedeutenden Worte, die der große Sokrates seinen Schülern auf den Weg gab:
»Für den Weisen, der um die wahren Werte des Lebens weiß, ist Geld wertlos«, sagte der griechische Philosoph. »Der Weise hortet Gold und Brillanten.«

Wenn mich die Erinnerung nicht täuscht, so wurde Sokrates von der Athener Regierung wenige Stunden vor einer Drachmen-Abwertung öffentlich vergiftet.

Seitensprung

Auf der einen Seite der Zigarettenschachtel steht:
»Warnung! Der Bundesgesundheitsminister hält den Genuß von Zigaretten für gesundheitsschädigend.«
Auf der anderen Seite: »Die sorgfältige Mischung aus edelsten Tabaksorten vermittelt das unverwechselbare Aroma und den reinen Genuß, den nur unsere seriöse Zigarettenmarke bietet.«
Das spielt keine Rolle. Schließlich stehen die beiden Informationen nicht auf derselben Seite der Schachtel.

Familienplanung

Wenn in Israel ein Baby geboren wird, melden die Eltern sofort einen Telefonanschluß für das Kleine an, damit es ihn zur Hochzeit auch bekommt.

Darwin

Langjährige Ehemänner haben im allgemeinen ein angeborenes Koordinationstalent.

Schlichtheit

Rundschreiben des Finanzministeriums:
»Rückwirkend, vom achten Monat des Katastraljahres, entspricht die 6%ige Teuerungszulage zum Grundgehalt einer 2,52%igen Erhöhung der Gesamtvergütung. Hinzu kommt eine Angleichung des vorangegangenen 2,8%igen Preisteuerungszuschlages, abzüglich einer 5,3%igen Geldentwertungsabgabe. Die so errechnete Summe wird mit dem Sozialbei-

tragsfaktor der Studienbeitragsabgabe in der Höhe von 2,13% multipliziert, abzüglich der 4%igen Erhöhung der Pflichtversicherung des Arbeitnehmer-Ausgleichsfonds. Daraus ergibt sich die Grundkalkulation für die staatliche Ausgleichszulage, die gemeinsam mit dem reinen Gehaltsfaktor von 0,77 Prozent bis auf Widerruf die effektive Teuerungszulage zu bestimmen hat.«

Grazie

Die Italiener sind deshalb ein besonders sympathisches Volk, weil sie so gute Spaghetti machen und so schlechte Soldaten sind.

PR

Mein Lebenswerk, die »Hebräische Enzyklopädie« (24 Bände) fand in der Rubrik »Büchereinlauf« einer vielgelesenen Frauenzeitschrift besondere Erwähnung:
»E. Kish. Hebr. Enz. 24 Bd.«

Kompromiß

Im vorigen Fasching wollte sich unser Töchterchen Renana unbedingt als Laurel und Hardy verkleiden. Nach langen Debatten erklärte sie sich zum Kompromiß bereit, in das Kostüm eines Rufzeichens zu schlüpfen.

Beinahe Egal

Eine gute Ehe fördert die Nebenbeschäftigung mit Hobbys. Eine schlechte Ehe noch mehr.

Fitneß

Seit ich Besitzer eines eigenen Wagens bin, bewältige ich täglich ungeheure Entfernungen zu Fuß. Meine Beine sind muskulös und stark geworden, und ich habe mich nie besser gefühlt.

Neuordnung

Im Lande Israel tobt der Disput am leidenschaftlichsten zwischen jenen, welche die von Moses erlassenen Gesetze bis zum kleinsten Buchstaben genauso beachten, wie sie damals auf der Generalversammlung am Berg Sinai von Moses protokolliert wurden – und einer Reformbewegung, die darauf Rücksicht nimmt, daß sich seither ein wenig auf Erden geändert hat und daß die Menschheit mit elektrischen Kühlschränken, sterilisierter Milch, Karl Marx und der Ehescheidung à la Reno versehen wurde.

Egalität

Soziale Gerechtigkeit bedeutet, daß die Armen Groschen hinterziehen und die Reichen Millionen.

Eheberatung

Es ist wissenschaftlich bewiesen, daß nur schlechte Ehemänner teure Geschenke kaufen. Nur jene, die sich wie wilde Tiere benehmen, ihre Frau täglich vor dem Frühstück verprügeln und erst vor Tagesanbruch im Zickzack den Weg nach Hause finden, nur so ein entmenschter Ehemann hat es nötig, seine Reue in Form eines teuren Geschenks an seine Frau zu dokumentieren. Außerdem kosten teure Geschenke eine Menge Geld.

Mutfrage

Der Verfasser dieser Zeilen hegt seit jeher eine echte Bewunderung für intelligente Betrüger, für jene Auserwählten, die zeitgerecht erkannten, daß ein habgieriger Mensch ebenso leicht zu manipulieren ist wie der kindliche Besucher eines Kasperltheaters. Genau betrachtet, gehen Betrüger und Humoristen einem fast identischen Beruf nach, beide sind Künstler, die von der menschlichen Schwäche leben. Der eine, der Feige, schreibt nur darüber, wohingegen der andere, der Mutige, davon lebt.

Kommunikationsschwierigkeit

»Wie war die gestrige Premiere?«
»Zuerst habe ich mich ein wenig gelangweilt. Später wurde es unerträglich.«
»Fein. Ich werde mir Karten besorgen.«

Volkswirtschaft

Es gibt ein Urgesetz, welches besagt, daß jeder demokratisch gewählte Politiker bestrebt ist, bis zu seinem Tode – oder wenn möglich auch darüber hinaus – immer wieder gewählt zu werden. Daher muß er in seiner Amtszeit jeden unpopulären Schritt vermeiden. So ein Schritt könnte zwar die Wirtschaft gesunden lassen, aber sie könnte den Wähler irritieren. Vom Standpunkt des Politikers aus ist es bedeutend zielführender, die Wirtschaft zu irritieren und dafür den Wähler gesundzustoßen.

Affenliebe

Ich wäre bereit, um meinem geliebten Kind ein bestimmtes Spielzeug zu beschaffen, bis ans Ende der Welt zu reisen. Ohne Kind natürlich.

Salto mortale

»Ich hätte ein Heilmittel für Sie«, sagt der Psychiater zu seinem Patienten, der unter schweren Depressionen leidet. »Gehen Sie doch einmal in den Zirkus um die Ecke. Dort tritt ein großartiger Clown auf, bei dem Sie Tränen lachen werden . . .«

»Herr Doktor«, antwortet der Patient traurig, »der Clown bin ich.«

Das ist sehr eindrucksvoll, sehr rührend und sehr bekannt.

Die Geschichte hat nur einen Haken: So stimmt sie nicht. Nach meinen Erfahrungen müßte sie folgendermaßen enden:

»Herr Doktor«, antwortet der Patient in meiner Fassung, »den Zirkus um die Ecke habe ich schon besucht, und dieser Clown hat mir nicht das kleinste Lächeln entlockt. Das war der di-

lettantischste Clown, den ich je gesehen habe.«
»Schade«, sagt der Arzt traurig. »Der Clown bin ich.«

Unverschämtheit

Der überraschende Vorsprung der südkoreanischen Industrie beruht auf einem unfairen Wettbewerb: Es wird gearbeitet während der Arbeitszeit.

Vorsicht

Jeder frischgewickelte Säugling weiß, daß die Zahl »13« unweigerlich Pech bringt. Dies dürfte einer der vielen Gründe dafür sein, daß die meisten Säuglinge ihr möglichstes tun, nicht an einem 13. das Licht der Welt zu erblicken. Es geht auch die Mär, daß zum Tode Verurteilte, deren Hinrichtung auf einen 13. festgesetzt ist, die delikate Zeremonie zumindest um einen Tag vorzuschieben trachten, um etwaige Unglücksfälle zu vermeiden.

Geduld

Die Menge von Kleidern, die eine Frau zur Auswahl hat, steht in einem genau ausgewogenen Verhältnis zu der Zeit, die sie ihren Gatten warten läßt.

Kapitulation

Im Laufe eines Schriftstellerlebens lernt man, daß es auch den raffiniertest ausgeklügelten Namen schon irgendwo gibt. Wenn meine Phantasie einen so unmöglichen Namen wie, sagen wir, Jakob-Maria Dingsbums im Zusammenhang mit einer urkomischen Geschichte ausspuckt, bin ich bereit, den Wagen meiner Frau gegen jenen des Lesers zu verwetten, daß binnen 72 Stunden auf meiner Türschwelle ein muskelstrotzender junger Mann im schwarzen Trikot sich vorstellt:
»Ich bin der Schwager von Jakob-Maria Dingsbums . . .«

Supermen

Die USA sind das Land der unbegrenzten Möglichkeiten, sich wirtschaftlich zugrunde zu richten.

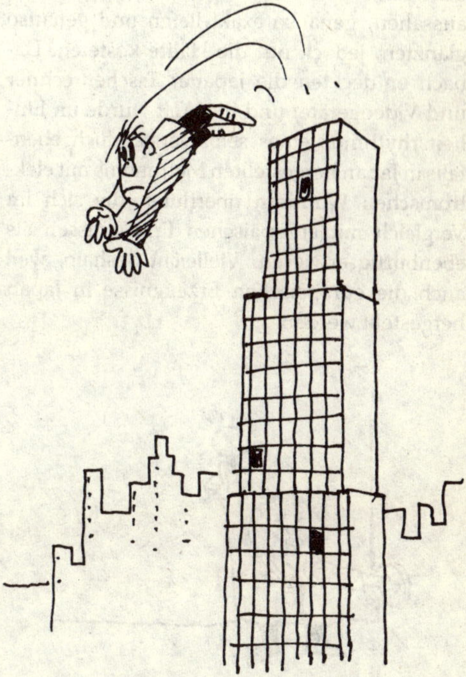

Herrenvolk

Eines Tages beschloß Japan, den Uhrenweltmarkt unter die Lupe zu nehmen, und begann, Schweizer Uhren herzustellen, die genauso aussahen, genauso exakt liefen und genauso glänzten, jedoch nur die Hälfte kosteten. Danach entdeckten die Japaner Taschenrechner und Videogeräte, und die Welt wurde im Einheitsrhythmus eines selbstverständlich ebenfalls in Japan hergestellten Metronoms mit elektronischen Wundern überflutet, die sich im Vergleich mit europäischen Erzeugnissen als ebenbürtig erwiesen. Vielleicht deshalb, weil auch die europäischen Erzeugnisse in Japan hergestellt werden.

Faultier

Es ist schwer, eine Person des öffentlichen Lebens zu bewundern, deren Berufsausbildung sich auf zwanzigtausend Schlafstunden bei Sitzungen, Versammlungen und Parteitagen beschränkt und deren besondere Fähigkeit das Schlafen mit offenen Augen und das Gähnen bei geschlossenem Mund ist.

Sackgasse

»Ich liebe meinen Mann und ich glaube, er ist mir untreu. Ich bin verzweifelt. Was soll ich tun? Bitte sagen Sie mir, was ich tun soll!«
»Sie müssen seine Eifersucht wecken, gnädige Frau, Sie müssen ihn betrügen.«
»Das ist keine Lösung. Das tue ich seit zwanzig Jahren.«

Freiheit

Als ich vor ein paar Wochen zu Besuch nach New York kam und an der Wohnungstür meiner im Herzen des Broadway wohnhaften Tante Trude klingelte, erschienen nach längerer Pause zwei ängstliche Augen hinter dem Guckloch:

»Bist du allein?« fragte eine verschreckte Stimme. »Ist dir niemand nachgeschlichen?«
Nachdem ich Tantchen beruhigt hatte, drehte sie den Schlüssel zweimal um, schob drei Riegel zurück, entfernte die Sicherheitskette und setzte vorübergehend die elektrische Alarmanlage außer Betrieb. Dann öffnete sie mit der einen Hand die Tür, während in der anderen ein Revolver zitterte.

Ruhekissen

Schwerarbeiter schlafen gut. Spekulanten schlafen besser.

Weichzeichner

Auch eine Frau über 50 kann gut aussehen. Wenn sie einen guten Tag hat oder besser gesagt einen guten Abend, wenn ein samtweiches Licht vorherrscht und sie ein Nachmittagsschläfchen hinter sich hat, wenn die Putzfrau da war und sie Zeit hatte, sich die Haare zu waschen. Und wenn ich meinerseits zu alledem noch einige Aperitifs in mir und irrtümlicherweise meine Lesebrille aufhabe, dann bin ich jederzeit in der Lage, mich Hals über Kopf oder zumindest über beide Ohren in sie zu verlieben.

Diagnose

Ein Rezept nach Großmutters Art: Ein vernünftiger Mensch sollte nicht zum Arzt gehen, wenn er krank ist, weil man sofort krank wird, sobald man zum Arzt geht.

Hohe Diplomatie

Es war bereits 3 Uhr früh, und unser Gast, der langweiligste Professor der ganzen Umgebung, machte keinerlei Anstalten zum Aufbruch. Ich konnte meine Augen nur noch mit Hilfe zweier Finger offenhalten. Da stand meine geniale Gattin auf, streckte sich herzhaft gähnend und verkündete:
»Es tut mir aufrichtig leid, lieber Professor, aber jetzt müssen wir wirklich gehen. Es ist eine Schande, wie lange wir Sie wachgehalten haben.«
»Aber liebe gnädige Frau«, der Professor sprang verstört auf, »ich besuche doch Sie!«
»Mein Gott, wie dumm von mir, Professor«, entschuldigte sich die beste Ehefrau von allen. »Sie wollen doch nicht schon gehen?«

**Wer grundlos lacht,
lacht am besten.**

Erlösung

Demnächst kaufe ich mir einen zweiten Schachcomputer und erfülle mir einen alten Wunschtraum: Ich lasse die beiden gegeneinander spielen. Dann habe ich endlich Zeit für meine Hobbys.

Eheprobleme

Was den Umgang mit Frauen betrifft, herrschen im Nahen Osten noch weitgehend die von Männern geschaffenen Gebräuche und Gesetze. Zum Beispiel betrachtet es der Beduine als moralische Verpflichtung, seine Braut zu entführen und sich sodann bei ihrem Papa einzufinden, um den Kaufpreis von drei Kühen und einer Ziege für sie zu erlegen. Angesichts der ständig steigenden Preise auf dem Viehmarkt kann sich heute nur noch ein Scheich mehrere Ehefrauen leisten, und wer sich gar einen Harem einrichten will, muß im Ölgeschäft mitmischen. Dem kleinen Mann bleibt unter diesen Umständen nur die altmodische Vergewaltigung.

Gegenleistung

Die Wahrheit ist, daß der Hund den Menschen nicht ausstehen kann und ihm nur aus Existenzgründen eine gewisse Anhänglichkeit bewahrt. Etwa auf der Basis: eine halbe Stunde Schwanzwedeln pro Tag gegen eine auskömmliche Versorgung fürs ganze Leben.

Schulbildung

Meine einzige Erinnerung an die Erschaffung des Universums besteht darin, daß unser Physikprofessor eine Krawatte mit blauen Tupfen trug und minutenlang ohne Unterbrechung, aber dafür mit geschlossenen Augen reden konnte. Er hatte schadhafte Zähne und die obere Zahnreihe stand vor. Wir nannten ihn »das Pferd«, wenn mein Gedächtnis mich nicht trügt.

Janus

Ein altes Pressegesetz warnt: Je feiner die Manieren eines Journalisten, desto ordinärer seine Schreibweise.

Pädagogik

»Unsere Kinder lärmen mit Absicht, weil sie wissen, daß wir das nicht vertragen. Und sie freuen sich, wenn sie uns leiden sehen. Das darf man ihnen natürlich nicht zeigen. Deshalb bitte ich meinen Danny immer, das Radio oder den Plattenspieler lauter zu drehen.«
»Und wie reagiert Ihr Danny?«
»Er dreht das Radio lauter.«

Weltrevolution

Ungefähr die Hälfte der Menschheit besteht aus Frauen, und wenn es ihnen eines Tages einfallen sollte, sich ähnlich wie die Volksrepublik China auf sich selbst zu besinnen und eine Schwerindustrie ins Leben zu rufen, würden sie über kurz oder lang die Welt beherrschen.

Perfektionismus

Der japanische Kaugummi ist in ein Papier gewickelt, das an dem Gummi nicht kleben bleibt und enthält wertvolle Vitamine. Er behält seinen Geschmack über zwölf Stunden lang und spuckt sich dann von selbst aus.

Parkinsonsche Krankheit

Von allen Plagen, mit denen Gott, der Herr unser Wirtschaftsleben heimsucht, ist die Bürokratie die weitaus schlimmste. Die Bürokratie ist nicht etwa ein Versagen der Regierung. Das glauben nur die Optimisten. Die Bürokratie ist die Regierung selbst. Und das Problem besteht nicht darin, wie man die in ihrem aufgeblähten Apparat nistenden Beamten los wird, sondern wie man sie beschäftigt. Denn sie sind zahllos wie der Sand am Meer, mit dem einzigen Unterschied, daß der Sand nicht pensionsberechtigt ist.

Finanzgenies

In der Schweiz sind vorläufig keine größeren Wirtschaftskrisen zu erwarten, denn die menschenscheuen Lenker dieses Landes vermeiden die Zusammenarbeit mit den Finanzleuten anderer Länder. Dank dieser Hemmungen befindet sich nahezu die Hälfte des internationalen Kapitals in den Tresoren von Schweizer Banken.

Reflex

»Unabhängigkeit?«
»Scheidung.«
»Freiheit?«
»Porno.«
»Wirtschaft?«
»Schulden.«
»Jugend?«
»Hasch.«
»Urlaub?«
»Stau.«
»Kunst?«
»Schrott.«
»Heimatland?«
»Zoll.«
»Religion?«
»Sammelbüchse.«
»Zukunft?«
»Video.«

Zwangslage

Freunde erwählt man, nahe Verwandte kann man entfernen, aber Nachbarn bleiben Nachbarn.

Wahlkampf

Mit ausgeklügelten Schlagworten wie »I like Ike«, »Be smarter with Carter« oder »Mit Bienstock über Stein und Stock« kann man zum Herrscher der freien Welt gemacht werden. Aber auch mit einem auffallend blanken Gebiß, lockigem Toupet und einem markanten Profil, vorausgesetzt, daß die Gelder für die Werbeminuten im Fernsehen reichlich vorhanden sind. Einem stotternden Genie, einem fettleibigen Intellektuellen oder einem unbemittelten Gerechten bleibt der Zugang zum demokratischen Wettbewerb auf ewig verwehrt.

Eilsache

Ich bin in einem Alter, in dem man Jugendsünden gestehen sollte, bevor man sie vergißt.

Logik

»Warum schläfst du nicht, Sohn?« fragte ich meinen Sohn.
»Weil es mich langweilt.«

Rondo

Es gibt keine wirklich guten Übersetzer. Um das Niveau des Originals zu halten, muß nämlich der Übersetzer das gleiche schriftstellerische Talent haben wie der Autor. Wenn man aber so talentiert ist, warum sollte man dann seine Zeit mit lästigen Übersetzungen vergeuden?

Humoristen

Das Kunst-Kabarett der Biennale in Venedig gehört zum Amüsantesten, was derzeit an Unterhaltung angeboten wird. Ich frage, welcher Humorist kann schon mit einem »Gemälde« konkurrieren, das lediglich aus einem Rahmen besteht? (»Die Wand hinter dem Werk bildet den dialektischen Impetus zur illuminosen Ambivalenz, deren Identität als Mythos unserer Zeit erscheint.« Dritter Preis.) Oder was ist von einem Ausstellungsobjekt zu halten, das aus einem alten Tennisschläger mit zerfetzten Saiten besteht? (»Aphrodite IX, Opus 23. Organisch artifizielles Zwischenwesen aus der Privatsammlung des Künstlers.« Zweiter Preis.) Am Rande sei noch erwähnt, daß der erste Preis ex aequo an ein pechbeschmiertes Nachthemd und ein übermüdetes Schaf ging. Die Jury konnte sich nämlich nicht einigen, welches der beiden Kunstwerke das progressive wäre . . .

Notlösung

Es gibt eine Theorie, die besagt, daß Medea ihre Kinder nur deshalb getötet hat, weil sie keinen Babysitter bekommen konnte.

Gesundheit

Kürzlich rief ich meinen Arzt an, um einen Termin zu bekommen. Am Telefon bestellte mich eine weibliche Stimme für Dienstag in drei Wochen um 17 Uhr 30.
»Bis dahin wollen Sie bitte nicht essen, nicht trinken, nicht schlafen und nicht rauchen.«

Kalk

Ein sicheres Zeichen für das Alter eines Mannes ist, wenn er vergißt, seinen Hosenschlitz zu schließen. Die richtigen Probleme kommen aber erst, wenn er vergißt ihn zu öffnen.

Zeitgeschichte

Noch um die Jahrhundertwende waren ein dikker Bauch und eine dicke goldene Uhrkette das Status-Symbol des Bürgers. Heute wünscht er nichts sehnlicher, als so mager zu sein, daß ihm die Armbanduhr ums Handgelenk schlottert.

Offenheit

»Ich gebe Ihnen mein Wort, daß ich mein Amt schon längst zurückgegeben hätte, wenn ich nicht so gern Minister wäre.«

Musikalität

Es ist kaum zu glauben, aber wir haben ein Abonnement für die Konzerte der Philharmoniker bekommen. Eigentlich war es ganz einfach. Herr Sch., der ursprüngliche Besitzer, wurde bekanntlich wegen Kleptomanie für mehrere Jahre seiner Bewegungsfreiheit beraubt, und die schweren Zeiten, die daraufhin für Frau Sch. anbrachen, nötigten sie, das verwaiste Abonnement öffentlich zu versteigern. Es ging an den Exporteur L., einen der ältesten Kunstmäzene, der jeden Ruf überbot, weil er den Auktionator nicht verstand. Herr L. ist nämlich stocktaub und ließ sich nach Ablauf der ersten Saison von seiner Frau scheiden. Die Kinder wurden dem Vater zugesprochen, das Abonnement der Mutter. Kurz darauf nahmen die Dinge eine Wendung ins Kriminelle: Die

geschiedene Frau L. starb unter schweren Vergiftungserscheinungen, und am nächsten Tag wurde ihr Untermieter auf dem Abonnementsitz der Verblichenen aufgegriffen. Der Oberste Gerichtshof verfügte die Beschlagnahme des Abonnements und brachte es unter seinen Mitgliedern zur Verlosung.
Dieses Abonnement bekamen wir also nicht. Aber unsere Nachbarn, die Seligs, gingen auf eine Weltreise und traten uns ihr Abonnement ab.

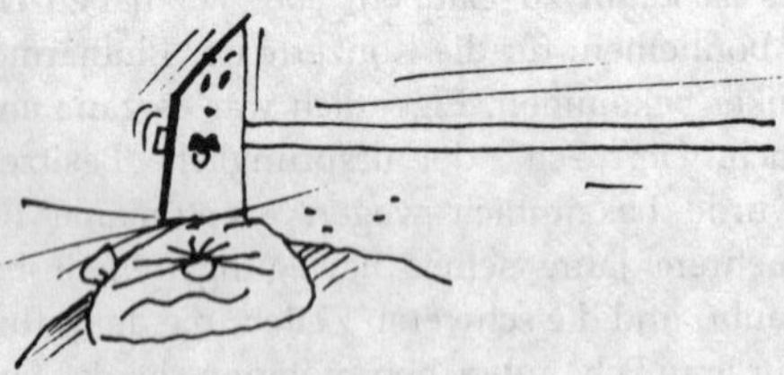

Toleranz

Was die Praxis betrifft, ist die emanzipierte Frau von heute kein eifersüchtiger Typ. Sie würde einen Mann nie überwachen, nein, sie gibt ihm uneingeschränkte Freiheit. Solange sie keinen Verdacht hegt. Dann allerdings bricht die Hölle los.

Die Mühlen der Gerechtigkeit mahlen langsam, aber sicher nicht gratis.

Irrtum

Es gibt Schriftsteller, die sich einbilden, das politische Leben zu beeinflussen, nur weil sie von Zeit zu Zeit den Salon eines Ministers mit ihrer Anwesenheit schmücken dürfen. Journalisten sind sogar davon überzeugt, daß die Staatsführung in ihren Händen liegt, aber davon kann keine Rede sein: Jeder Journalist kann schließlich nur einen Wahlzettel in die Urne werfen.

Platzangst

»Sag mir«, frage ich die beste Ehefrau von allen, »wie viele Kleider, um Gottes willen, braucht eine Frau?«
»Du weißt ganz genau, daß das nicht von mir abhängt, Ephraim, sondern von den Umständen.«
Und das heißt, daß jeder Umstand ein eigenes Kleid erfordert. Wir haben ein ganzes Zimmer voll mit Umständen.

Hungerstreik

Viele Kinder essen nicht gern. Kinderpsychiater raten, ihnen so lange nichts zu essen zu geben, bis sie reumütig auf allen vieren darum betteln. Wir haben es erfolgreich ausprobiert. Wir gaben unserem Sohn einige Tage lang nichts zu essen, und davon wurde er tatsächlich so schwach, daß wir ihn reumütig auf allen vieren anbettelten zu essen.

Bridge

Das sogenannte Brückenspiel ist äußerst populär bei den Arbeitnehmern. Wenn ein Fest zum Beispiel am Mittwoch beginnt, endet die Arbeit bereits Dienstagmittag, um den Nachmittag für Einkäufe oder Museumsbesuche freizuhaben. Da Donnerstag schon fast Freitag ist, wird über den Freitag eine Brücke zum Samstag und Sonntag geschlagen, und der Montag bildet dann wieder eine Brücke zum Dienstagmittag.

Literatur

»Was kann ich tun, Herr Verleger, daß mein Buch ein Erfolg wird?«
»Da gibt es einige probate Mittel. Heute nacht

werden Sie sich wegen öffentlicher Gewalttätigkeit verhaften lassen. Dazu müssen Sie mindestens ein paar Fenster einschlagen. Dann verbarrikadieren Sie sich in der Damentoilette des Grand-Hotels, blasen Trompete, entkleiden sich, gehen auf die Straße und ziehen sich eine Lungenentzündung zu.«
»Ich werde mein Bestes tun.«
»Nachher versuchen Sie ein Bombenattentat auf die Regierung, werden Baghwan-Anhänger und wandern aus.«
»In Ordnung.«
»Und kommen Sie mir nicht unter die Augen, bevor Sie nicht komplett wahnsinnig sind.«
»Das wird ganz leicht sein, Herr Verleger.«

Do-it-yourself

Man braucht nicht immer einen Handwerker bestellen. Man kann sein Heim auch selbst ruinieren.

Stoßzeit

Um 12 Uhr sind die öffentlichen Schwimmbäder so überfüllt, daß sie aus allen Nähten zu platzen drohen, denn jedermann in der Stadt weiß, daß um die Mittagszeit niemand schwimmen geht.

Juristerei

Es liegt einzig und allein beim Verleumdungsopfer vor Gericht zu beweisen, daß sein Ruf geschädigt wurde. Wenn eine Zeitung zum Beispiel schreibt, daß jemand leidenschaftlicher Kleptomane ist, dann muß er zumindest nachweisen können, daß er es ungern tut.

Unbestechlichkeit

Es begann damit, daß mein Töchterchen Renana, unsere Jüngste, mit demonstrativer Eilfertigkeit den Stuhl für mich zurechtrückte, kaum daß ich an den Tisch getreten war. Als nächstes erkundigte sich mein zweitgeborener Sohn Amir, ob ich vielleicht möchte, daß er meinen Wagen wäscht. Und schließlich überraschte mich die beste Ehefrau von allen mit der Mitteilung, daß ich in der jüngsten Zeit ein paar wirklich hervorragende Geschichten geschrieben hätte.
»Nützt alles nichts«, sagte ich. »Ich kaufe euch keine Katze.«

Gerontologie

Ein fünfundsechzigjähriger Studienrat wird zwangspensioniert. Seine einzige Chance, im aktiven Dienst zu bleiben, ist Ministerpräsident zu werden.

Fingerspitzengefühl

Jedesmal, wenn die Fernsehkamera einen Menschen aus der Masse einfängt und per Zoom heranholt, hat dieser den Finger in der Nase. Es stellt sich nun die Frage: Wird diese Person gefilmt, weil sie den Finger in der Nase stecken hat, oder merkt sie, daß sie im Brennpunkt des Interesses steht und reagiert instinktiv?

Geschenkter Gaul

Da die guten Bulgaren dem internationalen Urheberrecht nicht angeschlossen sind, verlegen sie ohne zu fragen jedes Buch, das ihnen gefällt. Sie gehen von der logischen Annahme aus, daß man für etwas, das jemand anderer schon bezahlt hat – in diesem Fall der Verleger der Originalausgabe –, nichts mehr zu bezahlen braucht.

Akustik

»Erlauben Sie mir, Exzellenz, untertänigst einige kleine Ratschläge für ihren europäischen Staatsbesuch anzubringen. Sie sollten Ihre Suppe liebenswürdigerweise dann konsumieren, wenn das Orchester gerade einen Militärmarsch spielt. Und ähnliche Vorsichtsmaßnahmen sollten für das gewöhnlich nach Beendigung der Mahlzeit durchgeführte Vorhaben gelten, Speisereste durch intragutturale Saugtätigkeit aus den Zähnen zu entfernen.

Kompromißlösung

Im ewigwährenden Kampf der Geschlechter zwischen perfekten Ehemännern und besten Ehefrauen schlage ich ein ehrenvolles »Unentschieden« vor. Was immer man auch über die Ehe sagen und schreiben mag, sie ist wie die Demokratie: ein System mit unzähligen Fehlern – aber es ist noch nichts Besseres erfunden worden.

Das Lachen ist die Endlösung des Rassenhasses.

Sozialarbeit

Ein gewöhnlicher Gewerkschaftsboß verfügt heutzutage über ein vollklimatisiertes Büro sowie eine wohltemperierte Sekretärin und verdient, ohne einen Finger krumm zu machen, dreimal soviel wie ein Arbeiter. Und wofür verdient er das Dreifache? Um Streiks zu organisieren. Er ist eine von der Firmenleitung überbezahlte Zeitbombe. Etwa sechs Wochen nach seiner Neuwahl beginnt er zu ticken, nach drei Monaten kündigt er einen wilden Streik an, und innerhalb von einem Jahr sprengt er das Unternehmen in die Luft.

Tiefgang

Guten Tag. Wie geht's?
Soso, lala. Und Ihnen?
Soso, lala. Wie geht's zu Hause?
Soso, lala. Und bei Ihnen?
Soso, lala.
Na, das ist die Hauptsache.

Rätsel

Die Welt ist voll von unlösbaren Fragen: Wieso sind die Kinder unserer Nachbarn durchwegs unausstehlich, während die unsrigen ihre Umwelt bezaubern?

Medienpräsenz

Fernsehbericht über ein schreckliches Zugunglück. Sprecher: »Unser Reporter Kurtjürgen Schmid mit dem Mikrophon in der Hand, verdeckt den Zug und sagt: »Hier Kurtjürgen Schmid.« Gleichzeitig erscheinen auf dem Bildschirm Schlag auf Schlag die Buchstaben »Kurtjürgen Schmid berichtet«, um etwaige Mißverständnisse auszuschließen. Kurtjürgen Schmid schließt mit den Worten: »Kurtjürgen Schmid gibt zurück ans Studio«, wo der Nachrichtensprecher sagt: »Sie sahen einen Bericht von Kurtjürgen Schmid.«

Kompensation

Die Höhe des Trinkgelds richtet sich nach der Festigkeit des Charakters. Je unsicherer man sich fühlt, desto höher wird die Bestechungssumme sein, die man für ein paar flüchtige Augenblicke der Selbstbestätigung zu zahlen bereit ist.

Raumfrage

Es ist ohne weiteres möglich, einen voll funktionsfähigen Humorcomputer zu konstruieren. Er muß nur geräumig genug sein, damit ich Platz darin finde.

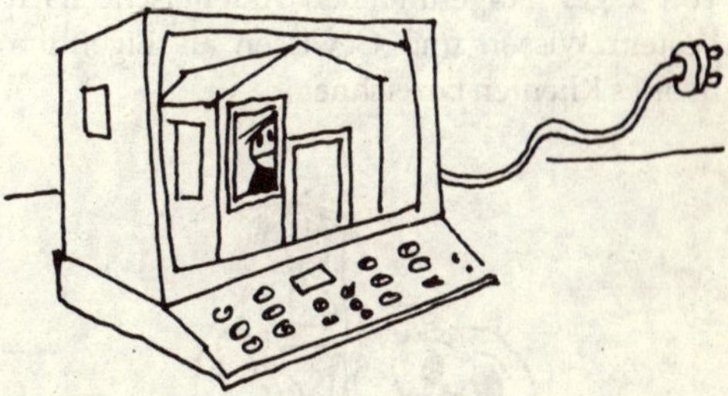

Juristendeutsch

»Aufgrund einer freiwillig gemachten Aussage meines Klienten und ohne seine Rechte als einziger gesetzlicher Eigentümer des strittigen Fundobjektes im mindesten zu präjudizieren, wird hiermit festgestellt, daß mein Klient infolge einer Erinnerungslücke außerstande ist, verbindliche Angaben über den Inhalt der in Rede stehenden Aktentasche zu machen, die sich zur Zeit der Ausfertigung dieses Protokolls auf der das Protokoll ausfertigenden Polizeistation befindet, deren diensthabendes Organ die in Rede stehende, vor einer bestimmten Anzahl von Tagen aufgefundenen Aktentasche nach bestem Wissen und Gewissen als Eigentum meines Klienten bezeichnet.«

Ausnahmefall

Ein depressiver Mensch muß nicht unbedingt ein Clown sein, er kann theoretisch auch Totengräber werden.

Mieterschutz

Was immer auch geschieht, sollte ein Untermieter niemals und unter keinen Umständen das Toilettenpapier der Vermieterin verwenden. Es ist numeriert.

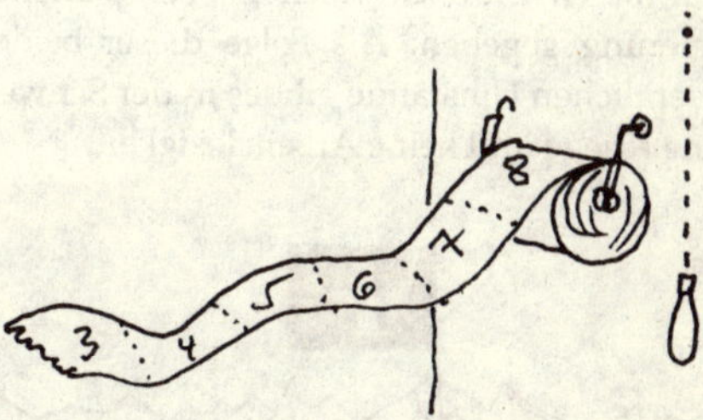

Solidarität

»Existiert sie überhaupt?« erkundigte sich kürzlich mißtrauisch eine Matrone irgendwo in Europa. Ich fragte, was sie für einen Grund hätte, an der Existenz der besten Ehefrau von allen zu zweifeln.
»Wenn es diese Frau wirklich gäbe«, erwiderte sie, »hätte sie schon längst einen Ehrenbeleidigungsprozeß gegen Sie geführt.«

Bergvolk

Die Schweiz ist in mehrfacher Hinsicht vom Glück verfolgt. Erstens ist sie von hohen Bergen umgeben, die einen gewissen Schutz bieten, und zweitens hat es dort meines Wissens noch nie eine fortschrittliche, sozial planende Regierung gegeben. Als Folge dieser beiden wesentlichen Umstände gibt es in der Schweiz keine Kriege und keine Arbeitslosigkeit.

Selbstverteidigung

Im Lauf der Jahre habe ich allerlei Schutzmaßnahmen gegen Laienhumoristen ausprobiert. Selbst die leiseste Andeutung eines Lachens, mit dem ich auf seinen Witz reagierte, ermutigt den Erzähler, sofort einen nächsten folgen zu lassen. Bleibe ich jedoch stumm, wird er es erst recht mit einem nächsten versuchen. Am aussichtsreichsten ist ein kurzes, durch die Nase gestoßenes Grunzen, gekoppelt mit einem Blick nach der Armbanduhr.

Reizwort

Wenn der Durchschnittsbürger das Wort Einkommensteuer hört, beginnt er am Himmel nach unbekannten Flugobjekten zu suchen und benimmt sich wie ein kleiner Gangster, der von der Polizei über die sizilianische Mafia verhört wird.

Charakterbild

Ein echter Orientale ißt laut, spricht laut, geht laut und beklagt sich über den Lärm. Er benützt zum Eindrehen von Schrauben seine Nagelfeile und zum Putzen seiner Nägel den Bleistift. Wichtige Telefonnummern notiert er auf einer angefangenen Zigarettenpackung, die er verliert. Wenn sein Radio wie ein Teekessel pfeift, wartet er ein Jahr, bevor er den Mechaniker holt. Dieser empfiehlt ihm, den Apparat links ein wenig anzuheben. Er hebt ihn an, und da der Lärm tatsächlich aufhört, legt er eine Zündholzschachtel unter die linke Seite. Wenn der Lärm wieder beginnt, wechselt er die Zündholzschachtel oder er versetzt dem Kasten einen leichten Schlag mit der Hand. Auch mit

dem Plattenspieler verfährt er ebenso, manchmal arbeitet er mit Fußtritten. Seine Zentralheizung aber funktioniert nur noch, wenn er in den Thermostat spuckt.

Tatsachenbericht

»Hallo. Hier Kishon. Wer spricht dort?«
»Zum Teufel. Wissen Sie nicht, wen Sie angerufen haben?«
»Leider nein. Ich bin senil.«

Energiekrise

Wenn man die erstaunliche Energie von Franz Josef Strauß je für friedliche Zwecke nutzen sollte, könnte man eine ganze Straße damit beleuchten.

Arme Verwandte haben ein besseres Gedächtnis.

Politische Hygiene

Im totalitären Staat beherrscht eine Minorität die Majorität, ohne sich um die Meinung der Öffentlichkeit zu kümmern. Wohingegen in der Demokratie die herrschende Minorität die öffentliche Meinung mit allem Ernst zur Kenntnis nimmt, wenn sie sich auch nicht im mindesten darum schert.

Esperanto

»Mein plastisches Prinzip«, so schreibt Joseph Beuys, »ist eine Kräftekonstellation, die sich aus mehreren Begriffen zusammensetzt, aber hauptsächlich aus den dreien von unbestimmten, chaotischen, ungerichteten Energien und einem kristallinen Formprinzip aus sehr polaren Beziehungen und einem vermittelnden Bewegungsprinzip. Und wenn man es überträgt auf den Menschen, ist das psychologisch gar nicht anders als dieser rein emotionelle Wille, der emotionalen ungerichteten Aktionismus betreibt, ein gefühlsmäßig emotionales Bewegungsprinzip und ein rein formell auskristallisiertes abstraktes Theoretikertum.«

Schrumpfprozeß

Heute gibt es Mikrocomputer für überhaupt alles. Wunderbarerweise werden diese unheimlichen Spielzeuge immer kleiner und kleiner. Wenn das so weitergeht, werden sie eines Tages völlig verschwinden. Oder aber *wir* verschwinden.

Patt

Eine niedrige Stirn ist noch lange kein Beweis für Humorlosigkeit. Aber auch nicht für das Gegenteil.

Torschlußpanik

Papageien sind unterhaltsame Tiere. Bevor sie lernen, die Türglocke nachzumachen. Dann drängt sich unvermeidlich die Frage auf: Wie oft kann ein Mensch aufstehen und die Tür öffnen, um festzustellen, daß niemand dasteht?

Unter Zeitdruck

Vor einiger Zeit gelang es mir, meine damals elfjährige Tochter Renana zu belauschen, als sie in ihrem Zimmer mit der gleichaltrigen Nachbarstochter Nava wichtige Dinge besprach:
»Sag mir«, flüsterte Nava höchst aufgeregt, »sind wir eigentlich Jungfrauen?«
Renana versank in tiefes Nachdenken und antwortete schließlich:
»Noch nicht.«

Reine Kunst

»Ich verlange 65% vom Verkauf meiner Bilder«. Die vollen Kosten für Rahmen, Versicherung und PR gehen zu Ihren Lasten, ebenso sowie 70% der Reproduktionskosten. Außerdem will ich Ihre Buchhaltung regelmäßig kontrollieren.«

»Wer war das?« fragte ich die Galeriebesitzerin.

»Ein naiver Maler.«

Ausnahmezustand

Die blühende japanische Wirtschaft basiert nicht auf bedeutenden Naturschätzen, sondern auf schwachen Gewerkschaften.

Schöpfungslücke

Als Gott, der Herr, den Himmel und die Erde schuf, achtete er darauf, daß ein jegliches Geschöpf wider die Unbill der grausamen Natur geschützt sei. Dem Löwen gab er Stärke, dem Reh die schnellen Beine, der Schildkröte den Panzer. Nur ein einziges seiner Geschöpfe hat er vergessen – mich.

Finesse

Geh unangemeldet zu einem Beamten, und er wird dir die Türe weisen. Unterbrich ein Gespräch eines Beamten, und er wird dich die Treppe hinunterwerfen. Aber störe ihn mitten im Satz per Telefon – und er wird sich geduldig deines Problems annehmen.

Rauchsignale

Journalisten werden nur selten ohne Zigarettenstummel im Mundwinkel gesehen. Dasselbe gilt für Franzosen, für arbeitslose Finanzminister und freischaffende Strichmädchen.

Familienstatistiken besagen, daß Mütter mehr rauchen, Väter weniger und die Kinder auf dem Klo.

Die Hälfte der Raucher zieht den Rauch in die Lungen, die andere Hälfte nicht. Sie inhaliert ihn.

Teenager pflegen in den Sommerferien mit dem Rauchen zu beginnen, damit sie den Anfängerhusten vor Beginn der Schule los sind, wohingegen Taxifahrer am liebsten im Winter

rauchen, wenn die Wagenfenster dicht verschlossen sind.
Erfolgreiche Autoren arbeiten mit Pfeife. Je angesehener sie sind, desto wortkarger dürfen sie sich an ihren Pfeifenstiel klammern.
Schönheitsköniginnen hingegen kauen Gummi. Das hat den Vorteil, daß der üble Mundgeruch ohne schädliches Rauchen entsteht.

Nachtgedanken

»Sarah, schläfst du?«
»Ja.«
»Ich nicht. Ich habe eine Schlaftablette genommen.«

Dreiecksgeschichte

Wann immer ein freigewählter Regierungschef durch eigene Unfähigkeit in eine politische Sackgasse gerät oder aus der Wirtschaft seines Landes Kleinholz macht, gibt es für den großen erfahrenen Staatsmann drei Methoden, aus diesem Schlamassel herauszukommen.

Er kann seinen Rücktritt anbieten, um kurz danach auf intensives Drängen der Wählerschaft diesen Rücktritt zu widerrufen. Oder er kann sein gesamtes Kabinett säubern, das heißt, daß zwei bis drei Minister untereinander ihre Ressorts tauschen. Die wirkungsvollste und folgenloseste Methode aber ist, die volle Verantwortung zu übernehmen.

Pech

Eines Tages, nachdem ich schon eine halbe Stunde lang auf den regenfeuchten Champs-Elysées vergebens nach einem Taxi gesucht hatte, kam endlich eines des Wegs und fragte:
»Wohin?«
Durchnäßt bis auf die Haut stammelte ich:
»Egal, fahren Sie mich, wohin Sie wollen.«
»Das liegt nicht auf meinem Weg.«

Bücherflut

Wenn man alle auf der Frankfurter Buchmesse vorhandenen Exemplare aufeinanderschichtet, immer eins auf das andere, würde der Bücherturm bis zum Mars reichen und von dort als Science Fiction zurückkommen.

Schwindel

Es gibt keinen verläßlicheren Gradmesser für das Altern als die Stufen einer Treppe. Außer man benutzt eine Rolltreppe.

Das ewig Weibliche

Eines der zehn Gebote lautet: »Du sollst nicht begehren Deines Nächsten Weib«, eine Aufforderung, der bisher noch nicht bedingungslos gefolgt wird.
Es ist hoch an der Zeit, daß wir uns um eine leicht modernisierte Fassung bemühen, etwa: »Du sollst auf Dein eigenes Weib aufpassen, so gut es geht.«

Schuldkomplex

Nichts auf der Welt ist so schwer zu ertragen wie eine moralische Schuld. Außer einer finanziellen Schuld. Eine Kombination dieser beiden ist absolut mörderisch.

Interpretation

Die Romantiker des Mittelalters haben das Taubenpaar zum Symbol der ewigen Liebe gewählt. Für mich persönlich bedeutet ein Taubenpaar zwei Schwerhörige.

Wettbewerbswidrig

Wird heute in Italien eine neue Badewanne auf den Markt gebracht, die Badeöl ausscheidet und mittels eines Thermostates die Wasserwärme konstant hält, so erscheinen morgen in Italien die Badewannen von Mitsubishi, die alle diese Funktionen auch haben, darüber hinaus eine Reisegeschwindigkeit von dreißig Stundenkilometern bieten und Puccinis Opern in Quadrophonie spielen.

Bühnenschicksal

Es gibt im Theaterbetrieb keine festen Regeln. Man kann ein Vermögen in ein neues Stück hineinstecken, die teuersten Stars engagieren und für eine pompöse Ausstattung sorgen – trotzdem wird es ein entsetzlicher Durchfall. Umgekehrt kratzt eine Gruppe von talentierten jungen Leuten ein paar hundert Pfund zusammen, holt sich die Schauspieler aus einem Seminar, verzichtet auf Bühnenbilder, auf Kostüme, auf jedes sonstige Zubehör, und es wird eine Katastrophe.

Erholung

Für einen Urlaub muß man nicht viel vorbereiten. Ein neuer Koffer ist natürlich erforderlich, um den Hotelportiers zu imponieren, eine Unterwasser-Taschenlampe und Vitaminpillen gegen Skorbut.
Dazu eine Unmenge Schlaftabletten sowie ein großer Reisewecker, um den Sonnenaufgang nicht zu versäumen.
Selbstverständlich eine Flasche Sonnenöl, ein

Transistorradio für die Sportnachrichten, Fischfangausrüstung mit einer Packung frischer Würmer, eine neue leichtere Haarbürste, ein standesgemäßer Pyjama, vier Kilo Traubenzucker, Reiseshampoo, Schlankheitstee, Goebbels' Tagebuch, ein Moskitonetz und ein neuer Wagen.
Das ist aber auch schon alles.

Profis

»Es gibt in unserem Land dubiose Konzerne, Herr Minister, die den Parteien geheime Gelder zukommen lassen. Aber in einer so seriösen Baufirma wie der unseren kommt so etwas keinesfalls infrage.«
»Und welches ist der höchste Betrag, mein Freund, der nicht infrage kommt?«

Fiasko

Es gibt vorzügliche Medikamente, für die man noch keine passende Krankheit gefunden hat.

Soziologie

Es gibt unerwartete Probleme, mit denen sich schon der alte Marx auseinandersetzen mußte, unter anderem die Frage nach der Ausbeutung des Menschen durch den Menschen. Und umgekehrt.

Paarwirtschaft

Die Ehe ist ein notwendiger Kompromiß, in dem jeder der beiden Teile sein möglichstes tut, zur Unbequemlichkeit des anderen beizutragen.

Nostalgie

Was meinen Schlaf angeht, ist er auch nicht mehr das, was er vor zweiundsechzig Jahren einmal war.

Touristenschicksal

»Wo ist der Rothschildboulevard *please*?«
»Welche Nummer?«
»Dreiundzwanzig.«
»Dreiundzwanzig ... dreiundzwanzig ... Nein, ich habe leider keine Ahnung, wo der Rothschildboulevard ist.«

Überzeugungsfähigkeit

»Hey, you«, sagt in Hollywood der fette Mann hinter einer Rauchwolke, »ich brauche binnen einer Woche ein Drehbuch, das so komisch ist, daß man sich anpinkelt.«
»Zu meinem größten Bedauern, so etwas schreibe ich nicht.«
»Very well«, antwortet die Zigarre ganz ruhig, »25000 Dollar cash.«
»Ich bin auf Jahre hinaus ausgebucht.«
»50000 Dollar.«
»Mein Arzt hat mir ausdrücklich jede Anstrengung verboten.«
»75000.«

»Um ehrlich zu sein, ich habe auch gar keine Lust dazu.«
»100000.«
»Okay.«

Weiter Horizont

Die beste Ehefrau von allen ist zwar klein von Wuchs, aber nicht kleinlich. Mein teures Weib übersieht alle heimtückischen Sticheleien in meinen deutschen Satirenbänden mit einer Großzügigkeit, die ihresgleichen sucht.
Natürlich ist das keine Überraschung für mich. Mir ist klar, daß eine so überaus intelligente und humorvolle Person, wie es meine Gattin ist, jede Art von Kritik, jedes Maß an Scherz, Satire und Ironie hinnehmen und wegstecken kann.
Außerdem versteht sie kein Wort Deutsch.

Paradox

Wir Israelis lieben Antisemiten. Ihre schiere Existenz liefert uns die Rechtfertigung für das Leben in unserem eigenen Land.

Fifty fifty

Ein Bonmot der Weltbesten aus der Familiengründerzeit:
»Ich bin sicher, Ephraim, daß wir viele Kinder haben werden. Hoffentlich sind sie einerseits so hübsch wie ich und andererseits so klug wie ich.«

Optimum

Wem immer es gelungen ist, seine diesbezüglichen Hemmungen zu überwinden, kann bezeugen, daß nur der erste Streik schwerfällt. Danach gibt es keine Probleme mehr. Die Beziehungen zum Arbeitgeber werden nach einem Streik wesentlich enger, ja, es kann sogar passieren, daß man zu dem mühsamen erreichten

Kompromiß von höchster Regierungsstelle beglückwünscht wird. Ebenfalls ist nicht zu vergessen, daß einige unvergeßliche, meistens vollbezahlte Urlaubstage vom gesundheitlichen Standpunkt sehr zu begrüßen sind. Ein Streik hebt eben den Lebensstandard.

Schriftstellerneid

Leo Tolstoi hat's leicht gehabt. Er konnte zwei dicke Bände über Anna Karenina vollschreiben, denn diese Dame versorgte ihn mit allem nötigen Material. Und als die Handlung des Romans nicht mehr weiterging, warf sie sich in lobenswerter Hilfsbereitschaft unter die Räder einer heranbrausenden Lokomotive. Welcher Schriftsteller hat heutzutage noch solche Mitarbeiter?

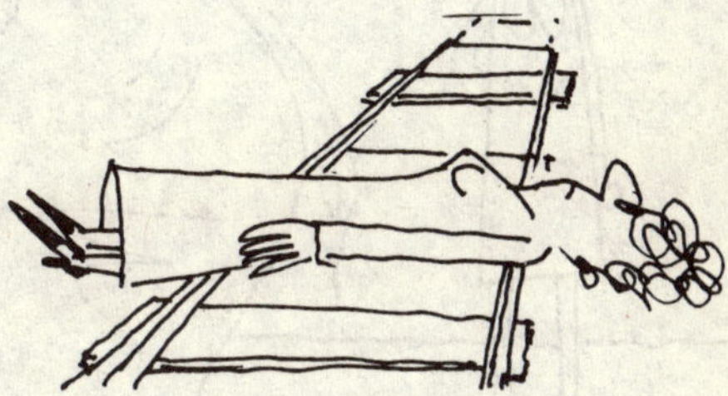

Alles auf der Welt ist zu kaufen außer Liebe. Und außer Neid.

Tratschsucht

Das schönste Gerücht über »Sie-wissen-schon-welche« Scheidung, über »Sie-können-sich-denken warum«, über »Sie-werden-es-nicht-glauben seit wann« – all dies verliert jeden Sinn, wenn man es nicht seinen Freunden, Verwandten, Bekannten und solchen, die es werden wollen, brühwarm weitererzählen kann.

Zwischenlösung

Nach medizinischen Erkenntnissen erstreckt sich das Bedürfnis nach dem Schnuller durch die ganze Übergangszeit, die zwischen der Entwöhnung von der Mutterbrust und dem Beginn des Zigarettenrauchens liegt.

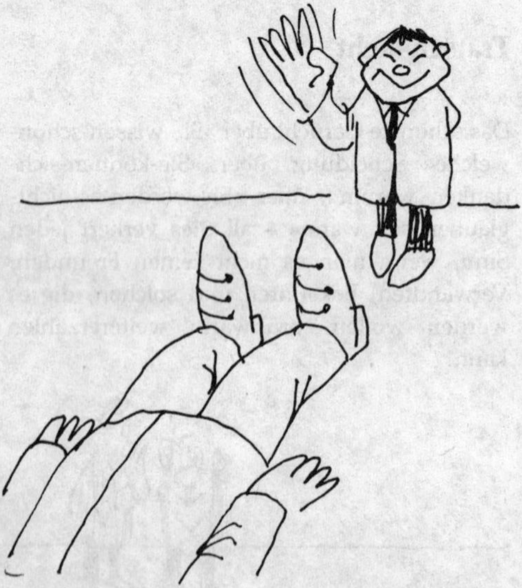

Nahkampf

»Eigentlich besteht das ganze Karate nur aus Konzentration. Vorige Woche provozierte unser Schwergewichtsmeister im Ringen einen Streit in einem Restaurant. Und an wen geriet er? An ein Mitglied der japanischen Handelsdelegation. Er nannte ihn einen gelben Affen, schüttete ihm Bier ins Gesicht, schnitt Grimassen und benahm sich überhaupt wie ein Irrer. Der Japaner lächelte höflich und schwieg. Sie wissen ja, Japaner sehen wie Kinder aus, klein und zierlich, nichts als Haut und Knochen, man fürchtet sich, in die Suppe zu blasen, wenn einer in der Nähe ist. So weit, so gut. Plötzlich macht der Riese eine ordinäre Bemerkung zu einer Dame der japanischen Delegation. Da steht der kleine Japaner auf, ganz ruhig, macht einen Schritt zurück, verlegt sein Gewicht auf das linke Bein, hebt die rechte Hand ungefähr bis zur Hüfthöhe – und bevor man weiß, was geschieht, greift er in seine Tasche und bespritzt unseren Sportler aus einer Pistole mit Tränengas.«

Entwicklungshilfe

Das Kolchosensystem funktioniert noch immer nicht ganz makellos. Nach den letzten 68 Jahren zu urteilen, funktioniert es eigentlich nur dann, wenn die krisengeschüttelten amerikanischen Geschäftemacher der UdSSR pro Jahr zehn Millionen Tonnen Getreide verkaufen.

Wahrheit

Ich habe nichts gegen Erdnüsse einzuwenden. Die Erdnuß ist ein schmackhaftes, vitaminreiches Nahrungsmittel. Aber sie ist keinerlei Ersatz für Truthahn oder Fischsalat mit Mayonnaise.

Machtverteilung

Rundfunk, Fernsehen, Zeitungsredaktionen und Kunstkritik sind fest in den Händen der extremen Linken. Deswegen gewinnen sie auch alle Literatur- und Kunstpreise. Die Konservativen gewinnen nur die Wahlen.

Allergie

Bei Anfällen hochgradiger Nervosität wähle ich eine Nummer des telefonischen Notrufs, weil mich das Besetztzeichen beruhigt. Wenn kein Besetztzeichen ertönt, weiß ich, daß ich eine falsche Nummer erwischt habe und lege auf.

Enthaltsamkeit

An dem Tag, als meine besorgte Frau mich aufmerksam machte, daß die Zeitungen das Gutachten des amerikanischen Gesundheitsamtes über die schädlichen Auswirkungen des Rauchens gebracht hätten, verfiel ich in Panik. An diesem Tag stand mein Entschluß fest. Ich hörte auf, Zeitungen zu lesen, und ich fühle mich seither wie neugeboren.

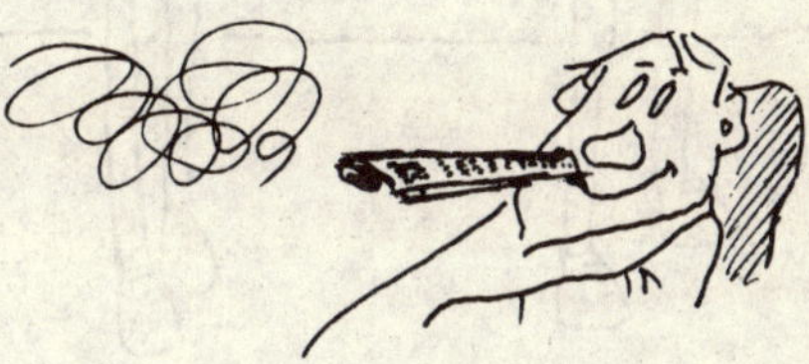

Ehemänner leben länger,
Junggesellen glücklicher.

Satirikon

Gute Satiren sind solche, die sich genauso abspielen könnten. Die besten Satiren sind jene, die sich bereits abgespielt haben.

Taktvoll

Auf die Meldung des Hofarztes: »Señores, ich habe Ihnen die Mitteilung zu überbringen, der Generalissimo Franco ist nicht mehr«, soll einer der trauernden Adjutanten gefragt habe:
»Ja . . . aber . . . wer wird es wagen . . . ihm diese Nachricht zu überbringen?«

Einzigartig

Linz ist eine wohlbekannte österreichische Stadt, soviel ich weiß, die drittgrößte des Landes, und sie übertrifft alle übrigen Städte Österreichs vor allem dadurch, daß sie Linz heißt und nicht anders.

Freud

»Herr Doktor, ich überhöre am Morgen jeden Wecker.«

»Natürlich. Ihr Unterbewußtsein hat eine Allergie gegen schrille Töne entwickelt, und ich kann Ihnen als Ihr Psychologe auch sagen, warum. Im Augenblick Ihrer Geburt fuhr an der Klinik eine Straßenbahn vorbei, die in der Kurve entsetzlich kreischte. Seither ist es Ihr geheimer Wunsch, mit einem Straßenbahnwagen ins Bett zu gehen. Da sich dieser Wunsch nur schwer verwirklichen läßt, haben Sie ihn verdrängt und projizieren ihn jetzt auf den Wecker, mit dem Sie im Bett bleiben.«

Zirkusakt

So ziemlich auf der ganzen Welt, im Nacken jedes produktiven Menschen, sitzen gemütlich dreieinhalb vom Staat besoldete Aufseher. Der erste Beamte registriert seine Existenz, der zweite sorgt für seine höchstmögliche Besteuerung, der dritte macht aus ihm einen organisierten Arbeitnehmer, und der halbe ist voll damit ausgelastet, seine Nackenmuskeln zu massieren.

Patent

Eine zukunftsweisende Erfindung wäre ein Geschirrschrank, der auch oben vier Füße hat. Wenn er staubig wird, dreht man ihn einfach um.

Massenpsychologie

Man kann viele Leute einige Zeit und einige Leute lange Zeit betrügen, aber alle lassen sich ewig zum Narren halten.

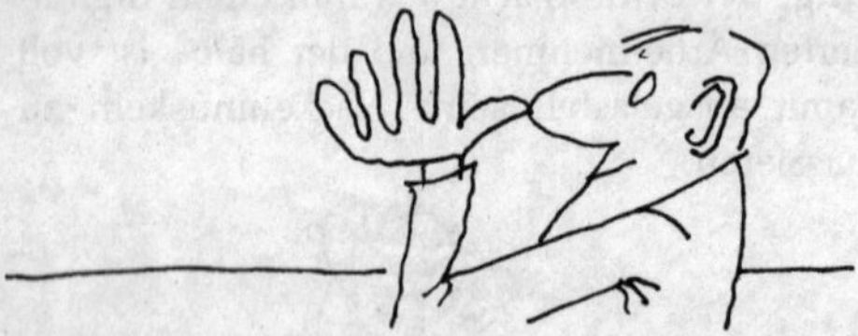

Exit

»Warum«, fragte ich im Aufzug den Hoteldirektor, »warum in drei Teufels Namen könnt ihr statt nichtssagender Buchstaben nicht irgendwas Verständliches neben die Aufzugsknöpfe schreiben, wie zum Beispiel ›Ausgang‹?«
»Verehrter Herr«, antwortete der Manager in berufsbedingt gedämpftem Tonfall. »Es ist nicht das erste Mal, daß mir eine so dumme

Beschwerde unterbreitet wird. Jedermann weiß, daß sich unterhalb des ersten Stockwerks die Hotelhalle befindet, und selbstverständlich ist dort auch der Ausgang zu finden. Hier sind wir schon, mein Herr . . .«
Er warf mir ein höhnisches Lächeln zu, stieg aus dem Fahrstuhl und wurde in der Tiefgarage von einem grünen Sportwagen überfahren.

Wirtschaftswunder

Jedes neugeborene Kind in Israel hat im landesweiten Durchschnitt schon am Tage seiner Geburt eine Auslandsschuld von 5000 Dollar. Gleichzeitig schuldet unser Fiskus jedem dieser Neugeborenen im Moment seines ersten Schreis Inlandsschulden in Höhe von 6500 Dollar. Unsere Zahlungsbilanz ist also beinahe ausgeglichen.

Völkerwanderung

Als Ministerpräsident Begin vor einigen Jahren den Friedensnobelpreis erhielt, und das auch noch in Oslo, nahm einer unserer zahlreichen Reiseunternehmer »Verbilligte Nobelreisen« in sein neues Jahresprogramm auf.

Definition

Anläßlich der überraschenden Heirat von Jacqueline Kennedy und Onassis war meine Frau vermutlich die einzige, die den wahren Grund erkannte: »Onassis braucht eine Mutter für seine Enkelkinder.«

Auswandern ist schwer,
Einwandern ist schwerer.

Moralapostel

Es gibt heute nur mehr wenige Trotzköpfe, die es immer noch wagen, ihren hartnäckigen Widerstand gegen die Mattscheibe zu dokumentieren. Sie betonen immer wieder, wie schwerwiegend doch der geistige Schaden sein kann, den das Fernsehen bei der Jugend verursacht . . .
Diese letzten versprengten Widerstandskämpfer sind natürlich Kinobesitzer.

Sie und Er

»Warum hast du dich nicht rasiert?«
»Ich habe mich rasiert, Liebling. Als du begannst, Toilette zu machen.

Weltanschauung

Laut einer viel zu wenig beachteten Statistik des »Internationalen Instituts für angewandte Belletristik« ist bei Schriftstellern unterhalb von fünftausend verkauften Exemplaren eine starke Linkstendenz festzustellen. Sie sind fast durchwegs leidenschaftliche Kämpfer für die soziale und wirtschaftliche Gleichheit.

In der Gruppe von fünf- bis fünfzigtausend verkauften Büchern bewegt sich der Autor unaufhaltsam auf das Zentrum zu, und seine Ansichten werden zusehends liberaler, während ab hunderttausend Büchern sein Verlangen nach einer egalitären Gesellschaft wieder nachläßt.

Ein Schriftsteller aber, dessen Auflagenhöhe die Millionengrenze überschritten hat, ist automatisch Kommunist.

Soundtrack

Das einzige, was heute noch emotionale Regungen im mediengeplagten Menschen hervorruft, ist die Hintergrundsmusik. Sie allein ist noch imstande, die Saiten seines Gefühls zum Klingen zu bringen, wenn Liz Taylor in Tränen oder Clint Eastwood aus dem Gefängnis ausbricht, oder wenn sein Flugzeug notlandet.

Babel

Soweit mir bekannt ist, existiert nirgends auf der Welt ein Staatsvolk, das wie Israel aus neunzig verschiedenen, aus allen Ecken der Erde zusammengekratzten Völkerstämmen besteht. Mit der Ausnahme der Vereinigten Staaten von Amerika, die ohnehin nur als mißlungene Kopie Israels anzusehen sind.

Risikofrei

Manche Menschen sind abergläubisch. Ich bin es nicht. Vielleicht kann man mich als vorsichtig bezeichnen. Wenn mir zum Beispiel eine schwarze Katze über den Weg läuft, mache ich sofort kehrt oder streiche sie weiß an.

Evolution

Die freie Welt macht enorme Fortschritte. Wo vor wenigen Jahren noch die Gefahr der Anarchie herrschte, ist heute bis zum letzten Terrorakt alles mit peinlicher Akribie geplant.

Polyglott

Sprich keinesfalls die Sprache des Landes, das du besuchst. Warum solltest du den Nachteil haben zu stottern und nach Worten zu suchen? Laß die anderen stottern und nach Worten suchen! Sprich in Paris englisch, in London französisch, in Italien deutsch. In Griechenland sprich nur hebräisch, weil sie dort alle anderen Sprachen kennen.

Eiserne Logik

Wenn 10000 Steuerbeamte pro Jahr 10 Milliarden einheben können, sagten die Haushaltsplaner, so müßten 20000 Steuerbeamte 20 Milliarden einheben können. 200000 Beamte kassieren demnach mit Gottes Hilfe ...

Satire ist, wenn man trotzdem weint.

Entweder – oder

Kinder sind der süße Mörtel, der das wacklige Gebäude der Ehe zusammenhält. Oder es endgültig zum Einstürzen bringt.

Gipfeltreffen

Wenn es darum geht, Menschen einander näher zu bringen, dann ist eine steckengebliebene Fahrstuhlkabine geradezu der ideale Platz dafür.
Ich wage sogar die Behauptung, daß man die ersehnte weltweite Abrüstung längst erreicht hätte, wenn die Verhandlungen in einen stekkengebliebenen Lift verlegt worden wären.

Untauglich

Ein Stier, der in Spanien nicht kämpfen will, verliert sofort alle bürgerlichen Rechte. Eine gut aussehende Kuh wird in die Arena geschickt und lockt den unglückseligen Pazifisten hinaus. Er muß dann monatelang warten, ob er vielleicht noch eine Chance bekommt, sich zerfleischen zu lassen.

Recht und Ordnung

Die Sache funktioniert folgendermaßen: Man kauft sich im Ausland einige Filmkassetten, liest sorgfältig den Vermerk, der das Kopieren der Videokassetten für illegal und strafbar erklärt, kopiert die Kassette und vermietet sie gegen Kaution, nicht ohne vorher auf der Hülle sorgfältig zu vermerken, daß es illegal ist, diese Kassette zu kopieren.

Taufpatin

Als die göttliche Vorsehung mich mit einem Nierenstein bedachte – wahrscheinlich, um mir eine Vorstellung von Geburtswehen zu geben – schenkte meine Frau ihm den Kosenamen Albert. Damit es ein Stein bleibt.

Pressefreiheit

Der Schriftsteller hat zwei unterschiedliche Möglichkeiten, auf einen Zeitungsangriff öffentlich zu reagieren: Entweder schweigt er oder er hält den Mund. Ich ziehe eine dritte Lösung vor: Ich spreche nicht darüber.

Schmutzige Männerhemden sind reine Frauensache.

Spielregel

Kein Zweifel, die Spielwarenindustrie stagniert. Den Leuten fällt schon seit Jahren nichts mehr ein. Immer die gleichen elektrischen Eisenbahnen, die ihre immer gleichen idiotischen Kreise ziehen, immer die gleichen sprechenden Puppen mit ihrem unverändert geringen Wortschatz aus dem Jahre 1927. Spielwarenerzeuger scheinen nicht zu begreifen, daß sie mit der Zeit gehen müssen und daß ein heutiges Kind nur an zwei Arten von Spielzeug interessiert ist: solches, mit dem man das Heim in Schutt und Asche legen kann oder solches, das den infantilen Eltern Freude macht.

Freiwilliger

Der heutige Steuerzahler arbeitet zwei Monate und eine Woche im Jahr für sich und seine Familie. Während der restlichen neun Monate und drei Wochen, ab 7. März also, arbeitet er für wildfremde Menschen.

Kunstgeschichte

Kein Kritiker, keine Zeitung, kein künstlerisches Forum würde es heutzutage wagen, einen Maler ernst zu nehmen, der seine Kunst noch ernst nimmt.

Wunder

Eine meiner privaten Erfahrungen ist: Nach jeder Säuberung meiner Hausbibliothek besitze ich mehr Bücher als zuvor.

Generationskonflikt

In der guten alten Zeit, also vor zwei bis drei Generationen, pflegten die Eltern ins Ausland zu reisen, und die traurigen Kinder mußten bei Oma und Opa zurückbleiben. Dann aber brach mit aller moralischen Großzügigkeit das Zeitalter der antiautoritären Erziehung an. Die Kinder fuhren allein ins Ausland und machten aus ihren Eltern traurige Omas und Opas. Heutzutage verreisen Eltern und Kinder gemeinsam, und die Depression wird unter allen Familienmitgliedern gleichmäßig aufgeteilt.

Realschule

Auch die absurdeste Satire ist nur dann komisch, wenn hinter der Absurdität die ungroteske Realität zu spüren ist.

Trost

Zweimal waren meine Filme unter den fünf besten des Jahres, die für den Oscar nominiert wurden. Zweimal habe ich ihn nicht bekommen. Ich war beide Male sehr traurig. Der große Regisseur William Wyler (»Ben Hur«) gab mir den richtigen Rat: »Wollen Sie sich in Zukunft die Enttäuschung ersparen? Drehen Sie schlechte Filme.«

Wiederbegegnung

Was fühlt ein Mensch, der an seinem Lebensabend in die Heimat seiner Jugendjahre zurückkehrt? Er kommt sich wie ein Narr vor, der auf der Straße einen Gegenstand sucht, den er vor dreißig Jahren verloren hat.

Neugeburt

»Name?«

»Kishont Ferenc«, antwortete ich dem Beamten in der Einwanderungsbehörde vor vierzig Jahren wahrheitsgemäß.

»Welches von beiden ist der Familienname?«

»Kishont.«

»Kishon«, korrigierte mich die Amtsperson und rückte seine Brille zurecht.

»Nein, nicht Kishon«, beharrte ich. »Kishont, mit einem t am Schluß.«

»Kishon«, wiederholte er. »Vorname?«

»Ferenc.«

»Ephraim«, entschied der Beamte und hatte es auch schon aufgeschrieben.
»Nicht Ephraim, bitte! Ferenc!«
»Einen solchen Namen gibt es nicht. Der Nächste!«

Hochstapelei

Eine an ständigem Defizit krankende Regierung hat eine auf der Hand liegende Lösung, ihr Budget in Ordnung zu bringen: Sie druckt mehrere Milliarden kleiner Papierzettel mit den Porträts verstorbener Staatsmänner.

Ein Satiriker produziert keine Witze. Er entdeckt sie.

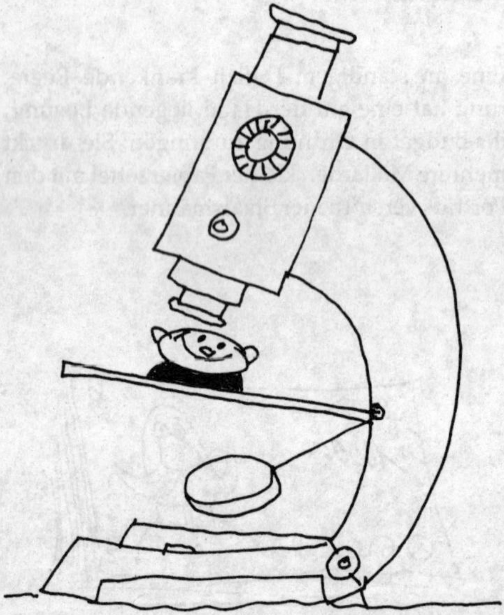

Hoffnung

Erst wenn sämtliche Bürger Beamte sind, nur Beamte und nichts als Beamte, dann besteht vielleicht die Chance, daß sich die Regierung etwas Neues ausdenken muß.

Geschmackssache

Wenn mein Gedächtnis mich nicht trügt, und warum sollte es, haben Komponist und Textdichter des unsterblichen Liedes »Ich küsse Ihre Hand, Madame« damit mehr Geld verdient als Dostojewski mit seinen sämtlichen Werken.

Avantgarde

Vor 20 Jahren hat man von einem modernen Theaterstück kein Wort verstanden und es ausgebuht. Auch heute versteht man kein Wort davon und applaudiert. Es gibt also doch einen Fortschritt im Kulturleben.

Werbeeffekt

Eine First-class-Talkshow im amerikanischen Fernsehen ist einer Heiligsprechung gleichzusetzen.

Perpetuum mobile

Unsere äußerst langweiligen Nachbarn laden uns immer wieder zu sich ein, nur weil wir sie auch immer wieder einladen.

Nachruf

Der Ehemann wird zu Lebzeiten maßlos verdächtigt und nach seinem Tode maßlos bewundert.

Autokratie

Die ungarische Hauptstadt ist dermaßen voller Privatwagen, daß ihre Straßen chronisch verstopft sind. Jeder dritte Ungar besitzt nämlich einen Pkw und jeder zweite Ungar hat einen Antrag auf weitere drei gestellt. Das entspricht natürlich nicht den Spielregeln. Im Westen weiß schließlich jedes Kind, daß in den Volksdemokratien eine schreckliche Armut herrscht.

Dressur

Kinder brauchen einen Vater zu Hause. Ein Vater ist viel leichter in den Griff zu bekommen.

Exklusiv

Man muß nicht unbedingt ein leidenschaftlicher Anhänger von Genosse Lenin sein, um mit ihm einig zu gehen, daß Kunstwerke für Menschen geschaffen wurden. Und die Betonung liegt hier auf dem Plural. Zumindest habe ich bisher noch von keinem Komponisten gehört, der eine Symphonie für seinen Klavierstimmer komponiert hat, und meines Wissens hat auch noch kein Schriftsteller seine Autobiographie nur für seinen Friseur geschrieben. Es scheint, daß die modernen Kunstwerke ausschließlich für zwei Lebewesen geschaffen werden, nämlich für den Kunstkritiker und den Kunsthändler.

Waffenstillstand

Die Satire ist leider keine Waffe. Bestenfalls ein Spiegel, in dem jeder sein wahres Gesicht erkennen kann. Ich habe aber noch von keinem Spiegel gehört, der das Gesicht des Betrachters verändert.

**Eifersucht ist eine Krankheit.
Aber die natürlichste von allen.**

Rollenwechsel

»Stimmt es, daß Sie neuerdings kritischer geworden sind?«
»Nicht ich. Die Zeiten sind kritischer geworden.«

Doppelte Buchführung

Fast jeder Schriftsteller flirtet irgendwann einmal mit der Politik, und jeder Politiker träumt davon, ein Buch zu schreiben. Der Politiker hat es leichter: Der Schriftsteller schreibt ihm sein Buch.

Traumberuf

Tierärzte genießen den unschätzbaren Vorteil, daß die Tiere ihre Arztrechnung nicht von der Einkommensteuer absetzen können und daß Papageien nachts nicht telefonieren.

Küchendunst

Bei Auslandsreisen sollte man sich weniger nach dem Instinkt richten als nach den Preisen der am Eingang ausgehängten Speisekarten. Die Preise trügen nur selten, der Instinkt fast immer.

Petrochemie

Es scheint mir, daß sich die Energiekrise der Welt vor allem als eine moralische Krise entpuppt. Kaum war der Petrodollar erfunden, gingen die humanistischen Ideale schlagartig in Pension.

Lokalpatriotismus

Auf die Frage, was ich unter dem »Absolut Guten« von Schopenhauer verstehe, antworte ich in vollem Bewußtsein meiner Verantwortung für die nachfolgenden Generationen: Ungarische Salami, hauchdünn geschnitten.

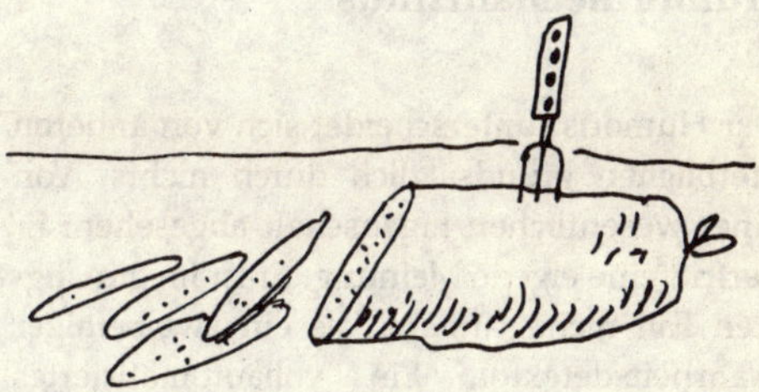

Selbsterfüllung

»Ja, mein Sohn«, sagte meine Mutter, »im Leben jeder reifen Frau kommt der Augenblick, da sie begreift, daß ihr Weg ins Nichts führt. Die Ideale der Jugendzeit sind verblaßt und nun sucht ihr rastloser Geist neue Erfüllungen.«
Meine Mutter ist beinahe neunzig, aber sie ist nicht nur im Vollbesitz ihrer geistigen Kräfte, sie weiß sie auch anzuwenden.
»Also«, fragte ich sie, »wie soll ich meine Ehe retten?«
»Mein Junge«, sagte meine Mutter, »kauf deiner Frau eine Handtasche aus echtem Krokodilleder.«

Humormechanismus

Der Humorist unterscheidet sich von anderen Sterblichen grundsätzlich durch nichts. Von einer wesentlichen Eigenschaft abgesehen: Er vertritt eine eigene Meinung. Er ist im günstigsten Fall nichts anderes als ein zweibeiniger Wahrheitsdetektor. Ein vollautomatisiertes

Röntgengerät zur Durchleuchtung der Heuchelei. Vielleicht könnte man ihn auch als Lügenthermometer bezeichnen.

Sippenhaft

Der Kellner in unserem Stammlokal, der eben dabei war, unsere Rechnung zu erstellen,

fragte meine Tochter Renana, was sie getrunken habe.
»Ein Glas Wasser«, sagte das kleine Biest mit verführerischem Lächeln.
»Was soll das heißen?« protestierte ich lauthals, »du hast zwei ganze Flaschen Orangensaft getrunken.«
»Hör mal, Paps«, zischte mir Renana zu, »zu wem hältst du eigentlich, zu mir oder zum Kellner?«

Endziel

Unter allgemeinem Wohlstand verstehe ich, daß sich auch Hausgehilfinnen Hausgehilfinnen halten.

Es ist nicht einfach, gleichzeitig Satiriker und fromm zu sein.

Heldentod

Es ist den sozialistischen Staaten gelungen, einen neuen Menschentypus zu schaffen, den klassenbewußten Proletarier, dessen Arbeitsmoral ihm die Annahme von Trinkgeld verbietet. Leider müssen wir darauf verzichten, den Erfolg dieser Erziehungsmaßnahme zu untersuchen, da der betreffende Proletarier vor sieben Jahren in Bulgarien gestorben ist.

Erfolgszwang

Wir Europäer wollen gern gesund sein. Die Amerikaner sind dazu verpflichtet. Ein blasses Gesicht ist in den USA verfassungswidrig.

Sieg der Logik

Als Angeklagter kann man freigesprochen werden. Als Zeuge auf keinen Fall.

Ach, so!

»Ein Schachcomputer speichert jedes mögliche Konzept einer Schachpartie mit bis auf binarische Dezimalstellen berechneten Formeln in ein arithmetisches Diagramm, das an einen bivokal gesteuerten Transistor angeschlossen wird und seine Impulse auf eine durch Dioden zu betätigende Registratur automatisch überträgt.«

Autodidakt

Wenn mein Auto streikt, tue ich, was in diesen Fällen jeder Autofahrer tut, um sich als solcher zu legitimieren: Ich klappe die Kühlerhaube hoch, besichtige mit durchdringendem Kennerblick die Innereien des Motors, klappe die Kühlerhaube wieder zu und rufe meinen Lieblingsmechaniker an. Dann gehe ich zur nächsten Bushaltestelle.

Überlastung

Zugegeben: Bei fremdländischen Namen war ich seit jeher vom Pech verfolgt. Drei Jahre lang habe ich Solschenizyn geübt, und als ich ihn endlich perfekt hersagen konnte, verschwand er aus den Tagesneuigkeiten und ließ mich allein mit Giscard d'Estaing zurück.

Buchstabieren

»Mein Name ist Bialazurkiewicz.«
»Entschuldigen Sie«, sagte ich leicht verstört und überreichte ihm einen Notizblock. »Wie schreiben Sie sich?«
Herr Bialazurkiewicz holte einen Stift hervor und schrieb dann sorgfältig Buchstabe für Buchstabe:
»S-I-C-H.«

Einheimische Frucht

Die in Israel geborenen Kinder, von denen ich mit Gottes Hilfe drei habe, werden nach der südländischen Kaktusfrucht »Sabre« genannt. Diese Frucht ist außen zwar stachelig, aber dafür innen völlig ungenießbar.

Gewichtsprobleme

Ich verlangte in unserem Delikatessengeschäft 100 Gramm Mortadella.
»Gern, mein Herr«, sagte Joseph höflich, »150 Gramm Mortadella. Ein kleines bißchen über 200 Gramm. In Ordnung?«
»In Ordnung.«
»Genau genommen sind es 320 Gramm. Was

dagegen, wenn ich 400 Gramm abwiege? Nein? Hab' ich mir doch gleich gedacht. Wenn Sie sich bitte zur Kasse bemühen würden. Hallo Kasse – ein halbes Kilo Mortadella.«

Illusion

Die Nachrichten im Radio werden in letzter Zeit von einer weiblichen Stimme gesprochen, in deren Besitzerin ich mich rasend verliebt habe. Zwar habe ich sie noch nie gesehen, aber eine so miserable Sprecherin muß über aufregende körperliche Vorzüge verfügen, sonst würde man sie nicht beschäftigen.

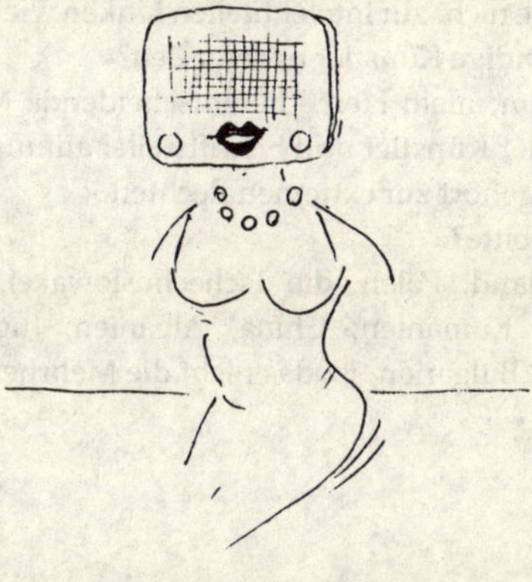

Sonderangebot

Von zehn Frauen sind rund zehn süchtig nach »Gelegenheitskäufen«. Sie sind bereit, ohne Widerrede alles zu erwerben, was ihnen unter dem Motto »preisgünstig« angeboten wird. Egal, ob es sich um einen gebrauchten Flugzeugmotor in erstklassigem Zustand oder eine vergoldete, wenig gebrauchte Sicherheitsnadel handelt.

Informationslücke

»Warum um Gottes willen, Herr Kishon, gehören Sie nicht zur intelektuellen Linken wie jeder anständige Künstler unserer Zeit?«
»Irrtum, mein Herr, die entscheidende Mehrheit der Künstler und Schriftsteller auf unserer Erde gehört zur extremen Rechten.«
»Wie bitte?«
»Rußland, Polen, die Tschechoslowakei, Ungarn, Rumänien, China, Albanien, Jugoslawien, Bulgarien, ist das nicht die Mehrheit der Welt?«

Schlußfolgerung

Aufrichtige, ehrliche Menschen sind schwache, phantasielose Tölpel, die kein Risiko im Leben eingehen wollen.

Pfiffigkeit

Erstens bin ich gegen Lebensversicherungen, weil ich sie für unmoralisch halte. Zweitens habe ich nicht die Absicht, jemals zu sterben. Drittens sollen die Mitglieder meiner Familie, wenn ich trotzdem einmal gestorben sein sollte, selbst für ihr Fortkommen sorgen. Und viertens bin ich längst im Besitz einer Lebensversicherung.

Zitatenbörse

Die Erfahrung lehrt uns, daß fast jedem Wort Flügel wachsen können, wenn man behauptet, daß es von Bernhard Shaw oder von Winston Churchill stammt. Notfalls kann man sich auch mit Albert Schweitzer oder Zsa Zsa Gabor behelfen.

Kunstsprache

Für einen führenden Kunsthistoriker ist es ratsam, die Metaphysik so oft wie möglich heranzuziehen, einige »Erosionen« und »Zerstörungskoeffizienten« womöglich mit »spiraloiden und fluidoiden Antagonismen« einfließen lassen, wobei sich auch einige gutplazierte »Hypertrophien« als sehr effektvoll erweisen.

Judenfrage

Die Juden sind ein seltsames Volk. Fordert man sie auf, fröhlich zu sein, sind sie traurig. Sagt man ihnen, daß sie traurig sein sollen, dann sind sie traurig.

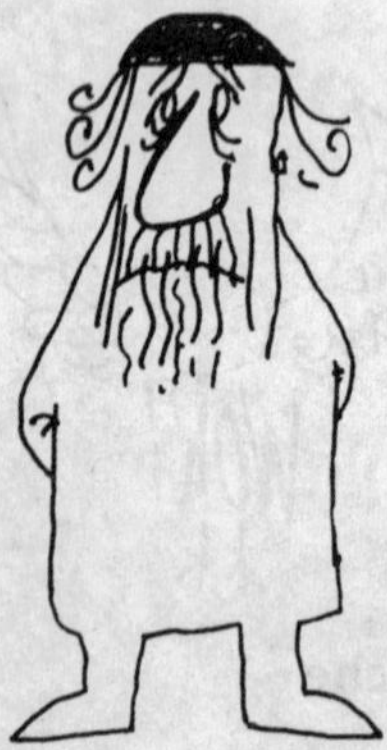

Schnapsidee

Die Menschheit hat sich selbst in den Untergrund der Ehebrüche verdammt: durch die Anerkennung der Monogamie als allein seligmachende Lebensform.

Klassisch

Der älteste aller menschlichen Kriegszustände ist der Klassenkampf. Sklaven wollen sich von ihren Herren befreien und die Herren sich von ihren Frauen. Monarchen bekämpfen die Kirche, Mieter die Untermieter, das Naphthalin die Motten.

Visueller Humor

Künstler, die innerhalb von fünf Minuten aus einem alten Familienfoto, einer defekten Nähmaschine und einigen Küchenresten ein modernes Kunstwerk entstehen lassen und dann neben ihrer »Collage« mit todernstem und äußerst feierlichem Gesichtsausdruck posieren, können nur hochkarätige Satiriker sein, die auf diese Weise in aller Öffentlichkeit ihre tiefe Verachtung für ihre geistig zurückgebliebenen Mitmenschen zum Ausdruck bringen.

Macho

Man erzählt in Hollywood, daß die PR-Agentur von Frank Sinatra einmal im Monat einen Pressefotografen mietet, dessen Kamera der besoffene Frankie unter Tobsuchtsanfällen kurz und klein schlägt. Jeden zweiten Monat muß auch der Fotograf daran glauben. Gute Verkaufszahlen fordern eben ihr Opfer.

Kulturpolitik

Der Durchschnittsamerikaner (gibt es auch einen anderen?) versteht unter Bismarck einen Hering, unter Frankfurt eine Würstchenfabrik und unter Napoleon einen der bedeutendsten Brandys der Weltgeschichte.

Lebenskunst

Der vor kurzem erschienene Reiseführer »Rund um die Welt ohne zu zahlen« ist den Politikern herzlich zugeeignet.

Bildschirmherrschaft

Besonders in den USA gilt: ohne Fernsehen keine Popularität. Für einen Auftritt im amerikanischen Fernsehen gibt es verschiedene Anlässe: künstlerischen Erfolg, Sexualmord oder Spionage. Ein noch besserer Weg ist ein schlagzeilenintensiver Scheidungsprozeß. Für diese Werbemethode gibt es auf der Madison Avenue bereits hartgesottene Spezialisten. Eine todsichere PR-Methode aber ist, auf den Präsidenten zu schießen.

Kamikaze

Wer interviewt werden soll, denkt unwillkürlich an die römischen Gladiatoren, die wissentlich in den Tod gingen. »Ave Caesar«, riefen sie, »die zum Tode Verurteilten grüßen dich!« Aber der solcherart Gegrüßte war wenigstens ein Caesar und kein Boulevardjournalist.

Feinschmeckerei

Die beste Ehefrau von allen kocht gern, aber nicht gut. Umgekehrt wäre es mir lieber.

Strafkolonie

Von den einstigen Mietern des Paradieses ist nur die Schlange übriggeblieben, die bekanntlich nicht vertrieben wurde und dort ihre Sünden abbüßt.

Tag der Hinrichtung

Eines regnerischen Nachmittags vor 45 Jahren blies mir der Sturm den Hut vom Kopf. Während ich losrannte, schloß ich eine Wette ab: Wenn ich den Hut erwische, bevor er ins Wasser fällt, wird Hitler sterben. Ich erwischte den Hut, bevor er ins Wasser fiel. Der Rest ist Geschichte.

Zündstoff

Wie die Geschichte lehrt, war im Gefolge der Religionsführer niemals ein Hofnarr zu finden. Sofern es für ihn da überhaupt einen Platz gab, so war es der auf dem Scheiterhaufen.

Bürgerkrieg

»Herr Minister«, sagte ich ehrerbietig, »es gibt hierzulande Bürger, die mehr Steuern zahlen, als sie verdienen.«
»Es mag sich um eine Differenz von höchstens 2 bis 3% handeln«, erwiderte seine Exzellenz,

»das bedeutet noch lange keinen Weltuntergang.«
»Ja, aber wenn das so ist, wozu soll man dann überhaupt noch arbeiten?«
»Um die Familie zu ernähren.«

Anpassung

Der Papagei scheint ein puritanischer Vogel zu sein, der sich als Gefangener unter Menschen nicht fortpflanzt. Wahrscheinlich auch sonst nicht. Er ist der geborene Junggeselle und kennt keine andere Leidenschaft als das Reden. Darin gleicht er den Politikern.

Sekundärkunst

Moderne Bilder sind zu einer Frage des Textes geworden. Heute kann man kein ausstellungsreifes Bild verstehen, ohne vorher eine zwanzigseitige Broschüre studiert zu haben. Das Bild selbst ist nur mehr Illustration eines tief philosophischen Essays.

Trauma

Die beste Ehefrau von allen war drauf und dran, mich zu verlassen.
»Was habe ich dir angetan?« fragte ich. »Sag's mir doch.«

»Du hast dich benommen wie ein Berserker, Ephraim. Wie eine Bestie – nein, wie ein Schwein!«
»Aber wo, um Gottes willen?«
»In meinem Traum.«

Teilerfolg

Eine Industrie, die blühen und gedeihen will, braucht ein großes Reservoir organisierter, tüchtiger, geschickter, fachkundiger, leistungsfähiger Arbeitskräfte. Organisiert sind sie schon.

C'est la guerre

Die Franzosen sind seltsame Leute. Man kann sie bewundern, weil sie so geistreich sind und ihre elegante Sprache so perfekt beherrschen, man kann sie verachten, weil sie eingebildete Schurken sind, doch es gibt etwas, das man keinesfalls kann: nämlich einen Franzosen dazu bringen, daß er *dich* mag.

Quick Lunch

Ich für meine Person habe allerdings nie verstanden, warum zwei erwachsene Menschen verschiedenen Geschlechts, wenn es sie drängt, von dieser Verschiedenheit Gebrauch zumachen, für die dazu nötige Zeitdauer nicht in aller Form heiraten und sich nach ein oder zwei Stunden wieder scheiden lassen.

Farblos

Für einen Menschen, der in der persönlichen Freiheit den wichtigsten aller Werte erblickt, stellt die Demokratie ein kostbares Gut dar, weil sie weder rot, noch braun, noch schwarz ist. Sie ist auch nur in den seltensten Fällen schneeweiß, aber immer durchsichtig.

Lokaletikette

»Es ist verboten, mein Herr, die Mäntel ins Lokal mitzunehmen. Die Stühle sind für unsere Gäste gedacht, nicht für Mäntel.«

»Auch wenn das Lokal halb leer ist, so wie jetzt?«

»Auch dann. Die Mäntel dürfen nicht verdrückt werden.«

»Aber das werden sie doch auch in der Garderobe.«

»Möglich. Das können wir dann leider nicht verhindern. Verhindern können wir es nur hier im Lokal.«

Welterfolg

Es ist ein weitverbreiteter Irrtum, daß die Filmproduzenten in Hollywood brutale Burschen sind. In Wirklichkeit sind sie auf der ganzen Welt so.

Lebensbedürfnisse

Zu den Institutionen, ohne die man ebenso wenig leben kann wie mit ihnen, gehört – jetzt einmal abgesehen vom weiblichen Geschlecht – das Telefon.

Sportopfer

Während einer Fußballweltmeisterschaft lassen sich in den riesigen Kinosälen die Zuschauer an den Fingern einer Hand abzählen. Meistens am kleinen.

Geistesblitz

Monatelang versuchte ich vergebens, den Tapezierer in meine Wohnung zu locken. Endlich hatte ich eine brillante Idee. Ich verkaufte die Wohnung, erwarb eine neue und wunderte mich, daß mir diese einfache Lösung nicht früher eingefallen war.

Voilà!

Ein Pariser Chauffeur, der kurz nach Mitternacht am Montparnasse neben mir stehen blieb, dachte gar nicht daran, irgendwelche Instruktionen von mir abzuwarten.
»Nach Norden fahre ich nicht«, informierte er mich durch seine Zigarette. »Aber auch nicht nach Süden. Der Etoile kommt nicht in Frage, und was das Trinkgeld betrifft, so ist es schließlich mitten in der Nacht...«
»Bemühen Sie sich nicht«, unterbrach ich ihn. »Da haben Sie zehn Francs Trinkgeld. Ich gehe zu Fuß.«

Männerfrage

»Ephraim«, sagte meine Frau, die beste Ehefrau von allen, »Ephraim, bin ich schön?«
»Ja«, sagte ich. »Warum?«

Tabu

Ist es nicht ein wenig merkwürdig, daß man schon zu allen erdenklichen Themen Umfragen durchgeführt hat, von den sozial-psychologischen Aspekten der Gastarbeiterlage bis zur Schuhgröße von Boris Becker – die moderne Kunst aber blieb bisher von Umfragen verschont und es ist nicht schwer zu erraten, warum.

Blickwinkel

Ich habe meine Frau auf meinen Reisen sehr gern bei mir, weil es lustiger ist, zu zweit bummeln zu gehen, gemeinsam die Rechnungen in den Restaurants zu kontrollieren oder gemeinsam die eingekauften Pakete auszupacken. Es gibt jedoch Fälle, wo es einfach bequemer ist, ohne Gattin zu reisen, weil dann die Restaurantrechnungen wesentlich niedriger sind, ganz zu schweigen von den stinklangweiligen Einkaufsbummeln und dem verfluchten Paketeschleppen.

**Die Ehe ist eine
mehr oder weniger erfolgreich
durchführbare Absurdität.**

Chronisch

Es ist eine altbekannte Tatsache, daß in einem Volk von Pionieren manche Berufszweige nur mangelhaft besetzt sind. Die ersten Siedler auf dem nordamerikanischen Kontinent waren, wie aus den einschlägigen Geschichtsbüchern hervorgeht, Farmer, Spekulanten, Goldgräber oder Abenteurer. Von Installateuren liest man kein Wort.

Skepsis

Von einem Satiriker kann man alles mögliche verlangen, nur nicht Ideologie. Es ist nämlich die Aufgabe eines Humoristen, jede Lebensäußerung, jedes Ereignis, jede Emotion, kurz alles, sogar die eigene Überzeugung in Frage zu stellen.

Friedenschancen

Der Konflikt zwischen Deutschen und Türken war von Anfang an vorprogrammiert. Die Lösung heißt Mischehe. Dann wird zwar weitergestritten, aber es bleibt in der Familie.

Karrierebruch

»Hör zu, Ephraim«, sprach meine Frau, »der Posten des Ministers ist überhaupt nichts für dich. Erstens bist du nicht senil genug und zweitens hast du irgendwo den Funken einer Führernatur, der sich störend auswirken könnte. Außerdem will ich nicht, daß du Minister wirst.«

Pleitetour

Wer in Amerika ist und nicht nach Las Vegas fährt, der ist entweder nicht normal oder er war schon dort.

Abstrakt

Die Maler der Gegenwart tragen im Hof eines Irrenhauses einen Wettbewerb im Stabhochsprung aus – ohne Stab, ohne Latte und ohne Hoffnung.

Wunderkind

In der Schule hat unsere Tochter drei Jahre lang Französisch gelernt. Der Träger am Pariser Flughafen entdeckte – vielleicht wegen ihrer roten Haare – eine gewisse Affinität zu meiner Tochter, also fragte er sie auf französisch, ob sie Französisch könne?
»Yes«, antwortete meine Tochter und beendete damit die Konversation.

Exterritorial

Das Schöne am Radio ist, daß man es nach Belieben an- oder abdrehen kann. Es gibt allerdings auch Rundfunkapparate, die man weder an- noch abdrehen kann. Sie stehen in der Nachbarwohnung.

Gute alte Zeit

Was Venedig betrifft, scheinen die Gondeln aus einer Zeit zu stammen, in der die Sklaverei erlaubt und Koffer unbekannt waren.

Charmeur

Um in seinem Freundeskreis beliebt zu sein, muß man von Zeit zu Zeit einen Unglücksfall bekanntgeben.

Identität

Seit der Gründung des jüdischen Staates gibt es in größeren Quantitäten nur noch die amerikanischen Juden, die sich dort, wo sie sind, sehr wohl fühlen, und die russischen Juden, von denen sich ähnliches sagen läßt: auch sie fühlen sich in Amerika sehr wohl.

Zufall

Die Frage drängt sich auf, warum »demokratische Indolenz« sich auf »bürokratische Impotenz« reimt.

Rufmord

Erfahrungsgemäß soll man sich beim Schwören an nichts Konkretes binden, weder an die eigene Gesundheit noch an ein bestimmtes Familienmitglied, es sei denn, man wünscht ihm die Pest an den Hals. Ich für meine Person setze im äußersten Notfall das Leben meines Onkels Julius ein, er ruhe in Frieden.

Ich bin lieber 25 und sehe wie 52 aus, als umgekehrt

Proletardiktatur

In der egalitären Gesellschaft bedeutet progressive Besteuerung, daß kein Mensch mehr verdienen darf als sein zuständiger Steuerreferent.

Nirwana

Niemand, ob tot oder lebendig, in Meditation oder Hypnose, ist so tief in sich versunken wie eine Frau, die sich das Gesicht eincremt.

Scheuklappen

Obwohl die Phantasie zu den fundamentalen Voraussetzungen literarischer Schöpfung gehört, reicht sie bei keinem Autor bis zu der Vorstellung, daß es außer seinen eigenen Büchern noch andere gibt.

Philantropie

»Gehabte Sorgen, die hab' ich so gern«, heißt es in einem bekannten Volkslied. In diesem Sinne bereiten wir möglichst vielen Menschen möglichst viele Sorgen.

Monodrama

Ein Interview, in dem der Journalist sowohl seine Fragen stellt als auch meine Antwort gibt, mag viel besser gelingen als ein sogenanntes Exklusivinterview, bei dem ich nur störe.

Egozentrik

Nichts erregt Menschen so sehr, wie ihren eigenen Namen gedruckt zu sehen.

Schöne Künste

»Ich glaube, es wäre langsam an der Zeit, meinen Malstil dem heutigen Geschmack anzupassen.«
»Schon, aber wie?«
»Ich könnte zum Beispiel meine Bilder mit einem heißen Bügeleisen in Matratzen brennen.«
»Matratzen sind nicht mehr aktuell, die Zukunft gehört den Technicolor-Klosettbrillen.«

Kriegserklärung

Um allen eventuellen Mißverständnissen vorzubeugen: Ich glaube nicht, daß die moderne Kunst die reine Gaukelei ist. Ich weiß es.

Heimkino

Auch ich unterschätze die Freudsche Lehre keineswegs. Träume sind eine großartige Erfindung. Der Unterschied zum Kino ist nur der, daß man im Kino zuerst den Film sieht und dann einschläft, während man nach der Freudschen Methode erst einschläft und dann den Film sieht.

Immunität

Es liegt im Schicksal der meisten Satiren, daß der Leser niemals glaubt, selbst die Rolle der Zielscheibe gespielt zu haben. Das ist das Geheimnis ihres Erfolges.

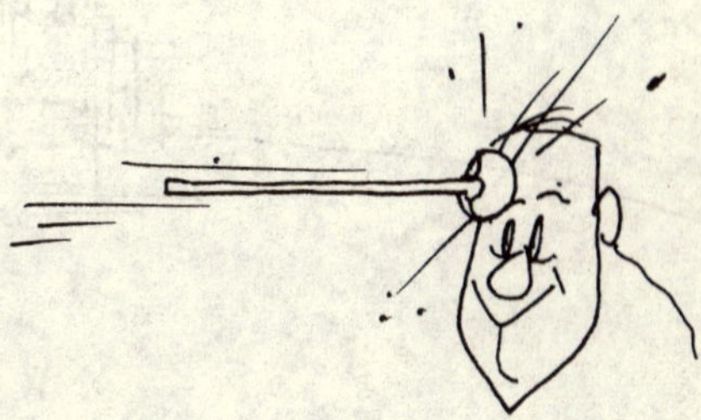

Kompliment

»Ich mußte schnell vorbeikommen, um Ihnen zu sagen, wie großartig ich Ihr neues Buch finde. Leider habe ich es noch nicht gelesen. Herzlichste Gratulation.«

Amerika ist ein sauberer Vorort von New York.

Formalität

Das Grundgesetz des Humors ist, daß er keine Gesetze hat. Wenn jemand eine Stradivari zerlegt, um herauszufinden, was den besonderen Klang dieser Geige ausmacht, so wird er nichts finden. Das Geheimnis liegt in der Form.

Zweckmäßig

Was immer man gegen unsere Politiker einwenden mag – und das ist eine ganze Menge –, eines muß man ihnen lassen: Sie sind auf dem besten Weg, uns durch ihre weise Steuerpolitik vom Fluch des Geldes zu erlösen.

Alkoholismus

Die Schweizer haben die menschenunwürdige Gepflogenheit, den Taxifahrer durch Trinkgelder zu erniedrigen, so gründlich abgeschafft, daß der Taxifahrer seinen Gram darüber im Alkohol ertränken muß. Daher auch der Name Trinkgeld.

Gesundheitsstatistik

Nach jüngsten staatlichen Erhebungen sind ein Drittel der Einwohner Hollywoods Alkoholiker, ein Drittel ist rauschgiftsüchtig und ein Drittel noch unentschieden.

Nachsicht

Die Spanier hassen die Stiere keineswegs. Sie verübeln ihnen nur ihre heimtückische Einstellung zu den Toreros.

Stumpf

In unseren Tagen beherrschen nicht die Dichter die öffentliche Meinung, sondern die Fernsehmoderatoren der Sportsendungen. Mit dem »scharfen Skalpell der Satire«, wie man so sagt, kann man heutzutage höchstens noch Fanbriefe öffnen.

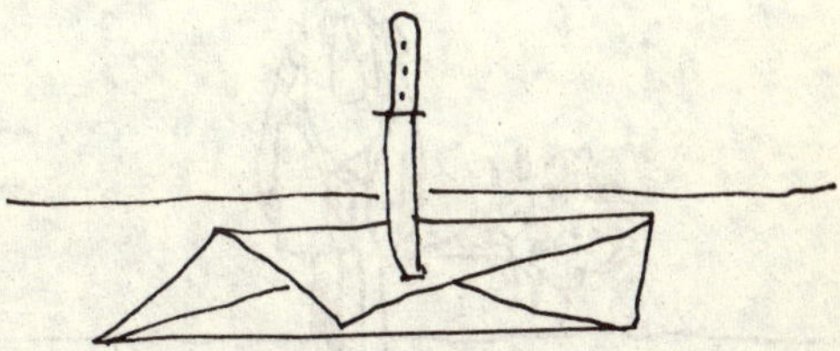

Hohe Politik

In England wählt man die Regierung aus Prinzip, oder besser gesagt aus Gewohnheit, ab. In Italien werden die Wahlen zur Konfrontation zwischen dem lieben Gott und der Armut, und in den USA sind sie eine Art öffentlicher Wettbewerb um die größere Ähnlichkeit mit John F. Kennedy.

Festfleck

Ich frage mich seit 62 Jahren, warum es jede chemische Reinigung für selbstverständlich hält, Kaffeeflecken erst nach den Feiertagen aus meiner Hose zu entfernen.

Hoffnungsvoll

Wie eine demoskopische Umfrage ergab, sind 85 Prozent aller Ehen schlecht, 11 Prozent schlechthin unerträglich, 3 Prozent gehen gerade noch an und von einer weiß man's nicht.

Abfall

Die Schönheit ist für die heutige Kunst gestorben. Sie lebt nur mehr in Werken, die hundert oder mehr Jahre alt sind und Immunität genießen. Die Gegenwart gehört der Mülldeponie.

Akrobat Schön

Der Humorist wird zum Akrobaten wider Willen, sein Weg ist eine stete Gratwanderung über ein schwankendes Seil. Das einzige Sicherheitsnetz, das sich weit unter ihm befindet, ist die Wahrheit.

Körpersprache

Ein jahrtausendealtes Vorurteil besagt, daß Juden mit den Händen zu reden pflegen. Das ist absolut richtig. Jeder israelische Kriminalbeamte wird bestätigen können, daß ein Unterweltler, kaum daß er gefaßt und mit Handschellen versehen ist, zu reden aufhört und stumm wird wie ein Fisch.

Plagiat

Ganz unter uns gesagt, irgendwann, irgendwo und irgendwie wurde alles schon einmal geschrieben. Es ist sehr schwer, etwas Neues zu erdichten, seit Aristophanes damit angefangen hat, meine Ideen zu stehlen.

Aussichtslos

Für die Konservativen bin ich zu alt und für die soziale Gleichschaltung sind meine Auflagen zu hoch. Was bliebe mir noch? Für Anarchisten bin ich zu unsportlich und Kommunist war ich schon einmal.

Mime

Es gibt viel Gemeinsames zwischen Bühnenschauspielern und ihren Kollegen in der Politik: Beide deklamieren Texte, die jemand anderer geschrieben hat, beide können ohne Applaus nicht leben und beide opfern ihre gesamte Freizeit den Intrigen. Der Unterschied: Politiker treiben ihr Spiel hinter geschlossenem Vorhang.

ENDE

Die »beste Ehefrau von allen« blättert unschlüssig in dem Buch. Dann läßt sie es geräuschvoll zuklappen und legt es schnell weg. »Ich hab's noch nicht gelesen«, sagt sie mit Unschuldsblick aus tiefbraunen Augen – und es klingt merkwürdig erleichtert. Sara scheint zu ahnen, daß es mit der himmlischen Ruhe ihrer Kunstgalerie in der noblen Gordonstraße Tel Avis bald ein Ende haben könnte. Sie hat es nicht eilig mit dem Lesen. Diesmal nicht.

Das Buch hat ihr Mann geschrieben, der weltberühmte Satiriker Ephraim Kishon (62). Es heißt: »Picasso war kein Scharlatan«. Mit beißender Ironie, witzig, spöttelnd zieht der Meister der spitzen Feder darin über den Kunstmarkt unserer Tage her, über die Geldschneiderei der Galeristen, die überkandidelten Kritiker – die moderne Kunst schlechthin. Und ausgerechnet die stellt Sara Kishon in ihren beiden Galerien in Tel Aviv aus.

Die »beste Ehefrau von allen« seufzt: »Im Grunde hat Ephraim ja recht. Aber daß er die Dinge immer gleich so ins Absurde drehen muß!«

Afeka, nobler Wohnstadtteil im Norden Tel Avivs. Üppiges Grün nimmt den Blick auf die Villa. Hier wohnen die Kishons. Der Hausherr – gut gelaunt, beige Hose, weiß-gelb gestreiftes

Hemd – führt mich ins Allerheiligste, in sein Arbeitszimmer: Vorbei am geräumigen Wohnzimmer, die Treppe hinauf, am Kino-Zimmer entlang – und ich bin sprachlos! Bilder über Bilder, auf Staffeleien, an den Wänden ist kaum noch ein Fleckchen frei . . . Moderne Kunst! Wie paßt das zu seiner frisch gedruckten – schlechten – Meinung über moderne Maler?

Ephraim Kishon genießt meine Verblüffung und schaut auf die Bilder, liebevoll, nachdenklich. »Das hier«, sagt er leise, »das ist schön«, und es klingt fast zärtlich. »Diese Bilder sind kein Haufen Schrott, keine abstrakten Häßlichkeiten, wie sie heute in vielen Galerien hängen.«

Er schlägt sein neues »Picasso«-Buch auf. Was denn »Schrott« sei, hatte ich wissen wollen. Er tippt auf Bilder: Eine weiße Ölleinwand mit einem Einschnitt. Daneben weiße Öllandschaft mit drei Einschnitten. »Was soll so was?« fragt Ephraim Kishon mit gespielter Verzweiflung und blättert weiter: Quadrate, bunt und einfarbig, die Zeichnung eines aufgehängten Elektrokabels, ein schwarzes Krickelkrakel mit dem Titel »Composition«.

Was er darüber denkt, steht in seinem Buch so: »Für die einfachen Leute dieser Erde, wie ich einer bin, ist diese Kunst ein Abrakadabra in

Technicolor. Die Zeiten sind vorbei, als man beim Betrachten eines Bildes ästhetisches Vergnügen empfinden konnte.« Er greift nach einem großen Meßbecher, in dem ein Strohhalm steckt und nimmt einen Schluck Tee (»Für die lieben Nierensteine«).

Es macht ihm Spaß, sich in Rage zu reden. Seine Augen strahlen hinter den Brillengläsern: »Die Kunst-Mafia hält uns zum Narren. Wie die über uns lachen müssen! Sie können mich totschlagen, aber für mich ist ein Klosett ein Klosett – und keine Kunst. Ich mache den Malern ja gar keinen Vorwurf. Die wollen schnelles Geld. Schuld hat das Publikum! Alle machen ›ah!‹ und ›oh!‹ Aber keiner sagt: Was ist das nur für ein unerträglicher Bluff!«

Der Wutanfall des Meisters wird unterbrochen. Das Telefon. Es klingelt nicht, es tutet. Die »beste Ehefrau von allen« erinnert an einen Termin. Telefon ist eigentlich stark untertrieben. Der Kasten mit den unzähligen Tasten, Knöpfen und Gegensprechanlage sieht eher aus wie eine elektronische Warenhauskasse. Der Hausherr liebt technische Spielereien. Bestes Beispiel: Sein stets einsatzbereiter Schach-Computer am Ende des mit Papieren übersäten Schreibtisches. Überhaupt – der Schreibtisch. Man könnte ihn glatt als Kunstwerk ausstellen.

Ein malerisches Durcheinander von Zetteln, eng in hebräisch geschriebene, geheftete und lose Blätter, Bücher, Ausschnitte, Fotos, Cartoons, eine Mao-Bibel (»Wenn ich in der lese, muß ich immer lachen«).
Neben dem schwarzen Schreibtisch steht ein Sofa. Die angrenzende Tür führt in Kishons Werkstatt. Hier wird nicht geschrieben, hier wird gehämmert, fein ziseliert. Hier schlüpft der Satiriker, Regisseur, Filmemacher und Autor von über 50 Büchern in seinen gelben Arbeitskittel und holt seine selbstangefertigten Werkzeuge aus dem Schrank. Kishon, der Relief-Experte. Sein Talent steht seiner Ausbildung in nichts nach: Kishon hat Kunstgeschichte studiert. Er besitzt ein Metallbildhauer-Diplom. Er könnte jederzeit an Hochschulen unterrichten. Als er noch nicht der erfolgreiche Schriftsteller war, hat er sich mit Zeichnungen über Wasser gehalten, hat Entwürfe für einen Goldschmied gemacht.
Kishon sagt: »Ich habe dieses Buch über moderne Kunst 40 Jahre in mir getragen. Es wurde Zeit, daß mal einer den Mund aufmacht und mit der Wahrheit rausrückt!«
Die Wahrheit. Sie zu sagen sei Luxus, den er sich heute leisten könne. »Das erträgt man nur, wenn man einen sicheren Stand hat!« Vor dem

bis zur Decke reichenden Regal mit Exemplaren seiner in aller Welt erschienenen Bücher bleibt er stehen und breitet die Arme aus. »Meine Verteidigungslinie! Durch sie bin ich unverletzbar.«
Das stimmt sicher. Und doch spürt man diesem Mann, der mit seinen Büchern Millionen Menschen überall auf der Welt zum Lachen gebracht hat, Verletzungen an. Es sind die manchmal traurigen Augen, müde abwehrenden Gesten, Worte voller Bitterkeit, Eingeständnisse. Er sagt, er falle leicht in Depressionen. Sein Erfolg schütze nicht davor. Kishon: »Schnellen Erfolg verzeihen die Menschen. Langen Erfolg nicht. Jeder träumt davon, berühmt zu sein, Autogramme zu geben. Aber Erfolg hat Schattenseiten«, sagt er leise. »Niemand akzeptiert das Privatleben.«
In die melancholische Stille dringt plötzlich fröhliches Lachen. Es kommt aus dem Wohnzimmer. Kishons Miene hellt sich augenblicklich auf. Sohn Amir (23), Student der Physik und Computer-Wissenschaft, ist da. In Begleitung einer bildschönen, zarten, schwarzhaarigen Frau – 23 wie er, Studentin der klinischen Psychologie. »Meine schöne Schwiegertochter«, sagt Kishon und legt, ganz Patriarch, seinen Arm um die Schultern des Mädchens. »Ich

habe meinen Sohn und Ronit überredet zu heiraten – obwohl ich völlig gegen die Ehe in jungen Jahren bin.«

Kishon und die Ehe. Was er darüber denkt, ist bestens bekannt: »Ehe ist gut für Frauen. Deshalb sollten auch nur Frauen heiraten.« Hat er seinen Sohn nie gewarnt? Kishon: »Im Gegenteil! Ronit ist eine Ausnahme. Ich habe meinem Sohn gesagt, so ein Mädel triffst du nie wieder. Heirate sie.«

Sara Kishon, die er als »beste Ehefrau von allen« in seinen Büchern unsterblich gemacht hat, verfolgt die Szene, sagt aber nichts. Nur ihre Augen, die amüsiert über den Rand der dunklen Brille blitzen, lassen ahnen, was sie denkt. Sara kennt ihren Spötter. Sicher hat sie bei seinen ketzerischen Gedanken über das sanktionierte Glück zu zweit oft schlucken müssen. Aber was sind schon Theorien gegen ein Vierteljahrhundert Ehe!

Kishon fängt ihren Blick auf, betrachtet die schöne Frau für einen Moment, blinzelt: »Ich habe zufällig eine Frau gefunden, die außerordentlich klug ist, die ihr eigenes Leben führt und nicht in meinem Schatten steht. Sie ist meine Lebensgefährtin, und das ist mehr als meine Ehefrau. Ich wünschte mir zwar manchmal, ich wäre Junggeselle. Aber ich weiß auch, daß ich meine Erfolge nie ohne sie erreicht hätte. Wir beide finden: Die Ehe wird erträglicher, wenn man begreift, daß sich Beziehungen ändern.«

Sara Kishon, »die beste Ehefrau von allen«, führt mich durch das Haus, erklärt mir Bilder, erzählt von den Malern. Ein zarter Hauch ihres Parfüms schwebt immer für einen Moment durch die Räume. Sara ist nicht sehr groß, 1,64 Meter. Sie ist eine faszinierende Erscheinung. Das ausdrucksvolle Gesicht, die großen braunen Augen, die tizianroten Haare, die Art, wie sie mit wenigen Gesten – entschieden und trotzdem mädchenhaft – Dinge regelt, hinterlassen starken Eindruck. Sie scheint ruhiger, gelassener als ihr Mann, obwohl sich ihr Temperament durch jede Bewegung verrät.

Im »Luna-Park«, dem Spielparadies im Keller – mit Billard-Zimmer, Pingpong-Zimmer –, deckt sie einen Tisch ab und drückt ihrem Ephraim einen Billard-Stock in die Hand. Beide spielen wie Profis. »Wir haben das immer so gern gemacht«, sagt Sara bedauernd zwischen zwei exakt plazierten Queue-Stößen. »Aber wir haben fast ganz damit aufgehört. Schade.«

Bis Juni wird auch Sara keine freie Minute mehr haben. Ihr Stand auf der Kunstmesse in Basel muß vorbereitet werden. Das heißt: Kataloge zusammenstellen, Bilder auswählen, organisieren, Briefe schreiben, herumtelefonieren, mit Künstlern sprechen. Daneben laufen Ausstellungen in ihren beiden Galerien in Tel Aviv. Sie ist die Seele dieser Galerien. Sie hat Gespür für Künstler, sie engagiert sich. Man sieht ihr die Freude an. Wie sie da hinter ihrem Schreibtisch sitzt – immer eine Mitarbeiterin oder Freundin zur Seite, meist einen Telefonhörer in der Hand, ein Paket mit Briefen vor sich. Immer aufgelegt für ein Gespräch mit den Künstlern, die regelmäßig bei ihr hereinschauen – auf eine Tasse Kaffee, auf eine Zigarette, auf einen Plausch.

Sara, die einst talentierte Konzertpianistin, begann vor 16 Jahren, Bilder zu sammeln – »ich hatte keine Lust, meine Zeit als Klavierlehrerin zu vertun«. Sie sammelte mit Ephraim gemeinsam, den sie um seine Fähigkeit beneidet, »immer zu wissen, was man wann von wem kaufen muß«.

Auf dem Kunstmarkt hat ihr Name Gewicht. Sie vertritt zum Beispiel exklusiv die Bilder von Marcel Janko, Begründer des Dadaismus in Zürich. Als wir uns in ihren Ausstellungsräumen in der Gordonstraße, in der sich Galerie an Galerie reiht – 24 insgesamt – am anderen Tag treffen, kommt sie noch einmal auf das Buch

ihres Mannes zu sprechen. »Ephraim ist immer gleich so extrem«, sagt sie und runzelt die Stirn. »Ich habe ja auch meine Zweifel an abstrakter Kunst. Ich ärgere mich ja auch über die Geldschneiderei. Aber ich gehe mit den Malern um, ich spreche mit ihnen, ich finde vieles verzeihlicher. Ich bin nachsichtiger als Ephraim.«
Das Buch ihres Mannes liegt auf einem Stapel mit Kunstkatalogen. An einer Stelle seines »Picasso« hat Ephraim Kishon geschrieben: »Heute kann man kein ausstellungsreifes Bild verstehen, ohne vorher eine 20seitige Broschüre studiert zu haben ... Was die Künstler oder ihre Kritiker über die jeweiligen Werke zusammenplappern, ist tatsächlich der Gipfel billiger Spaßmacherei oder der Unverschämtheit oder gelegentlich beides zusammen.«

BILD am SONNTAG, Beate Krämer

Zum ersten Male hat er »gewagt, ein Buch in deutsch zu schreiben«, und das ist nicht nur beinahe die Wahrheit, sondern die totale Wahrheit. Es ist die Geschichte seiner Geschichten.

Zum ersten Male verrät er, wie sie entstehen und was sich nach ihrer Geburt ergibt in der wahren Wirklichkeit. Aber da weiß man schon nicht mehr so genau, was erstunken – Verzeihung: erduftet – und erlogen ist und was chaplineske Wirklichkeit.

Kishon hat alte und neue Lieblingsgeschichten von sich gesammelt, »mit Hilfe einer Umfrage, an der ich allein teilgenommen habe«. Wehe, man kehrt bekannten Storys womöglich mürrisch den Rücken! Da argumentiert Kishon: »Würden Sie auch einen Konzertsaal verlassen, nur weil Sie die Sinfonie schon gehört haben?« (Dies ist eine Randbemerkung für »Dauerleser, die sich unverschämterweise an diese oder jene Satire erinnern.«)

Nein, das Neue, besonders Unterhaltsame, ist das Miteinander von Erlebtem, daraus dann Erdachtem und danach wiederum Erlebtem, oder – erdacht – Erlebtem.

Journalisten schreiben, was interessant ist, Schriftsteller die Wahrheit und Humoristen beinahe die Wahrheit, doziert Israels nach wie vor putzmunteres Paradepferd. »Einem Humoristen unterstellt man immer, daß er schwindelt. Nur weiß man nicht, wann und wo. Und wenn man es weiß, ist er ein schlechter Humorist.«

Das sieht dann zum Beispiel so aus:

Kishon beschloß, den bösen Buben Schragele umzubringen, weil er allen Bürgern auf die Nerven ging. Umzubringen – per Kurzgeschichte. Doch das mißlang Kishon. Vielleicht allein aus diesem Grunde: »Ich brauche ihn ja noch für künftige Satiren!«

Kishon lügt auch gelegentlich, wenn er angeblich die Wahrheit sagt – wie hier: »Die folgende Geschichte habe ich zu Papier gebracht, als unsere Einkommenssteuer von den bis dahin üblichen 100 Prozent auf den behaglichen Satz von 88 Prozent gesenkt wurde.« Und es folgt eine Geschichte, die (natürlich) noch verlogener ist als der (nicht verlogene) Anlaß. Er macht die Finanzpolitik zur Minna. Und dieser Geschichte folgt eine angeblich wahre Begebenheit zum selben Thema. Der Finanzminister persönlich bedankte sich bei Kishon für die Satire über »Verluste einer Investitionsgesellschaft«! Ja, Kishon und die beste Eehefrau von allen werden gar zum Abendessen eingeladen. Kishon, erfunden oder »beinahe wahr«: »Es war der Beginn eines ausgesprochen freundschaftlichen Verhältnisses, entstanden aus meiner bitteren Kritik über seine Finanzpolitik.«

Im Behaupten ist Kishon Klasse. Er satire-t ohne Hemmungen. Zum Beispiel wurde die Stadt Helsinki so erst benannt, als Kishon Schwierigkeiten mit der Aussprache von Helsingfors hatte . . .

Oder: Er schreibt Geschichten über seine Tochter Renana. »Es erbittert Renana heftig, wenn man sie, ohne sie zu fragen, zur Heldin eines erlogenen Scherzes macht.« Vergehen jedoch 48 Stunden, ohne daß ihr Vater einen neuen, »unwahren« Scherz über sie erfindet, ist sie zutiefst beleidigt. Scherz-Lüge? Wahrheit? Beinahe die Wahrheit?

Nach solch kühnen Fantasien dann doch die rauhe, wahre Wirklichkeit. Wußten Sie, daß Kishon im Laufe der letzten 25 Jahre im »Spiegel« mit keinem einzigen Wort erwähnt wurde? Aus diesem Faktum zieht Kishon die anekdotische Konsequenz: »Bei einem Empfang auf der Frankfurter Buchmesse flehte ich, im Hinblick auf meinen 60. Geburtstag, den Chefredakteur an. Ich möchte nicht von dieser Erde gehen, bevor ich meinen Namen ein einziges Mal in Ihrer Zeitung gelesen habe. Es ist mir gleichgültig, was Sie schreiben! Mein Kompromißvor-

schlag: Wie konnten die abgedroschenen Scherze dieses drittklassigen israelischen Witzboldes in Deutschland so hohe Auflagen erreichen?«
Bei der »New York Times« kommen ihm solche trübsinnigen Gedanken nicht. Das ist die ganze Wahrheit! Beweis: »Drehen sie sich um, Frau Lot«, das er ausländischen Verlegern anbot, erntete zunächst nur Absagen. Auch der S. Fischer-Verlag lehnte mit höflichem Bedauern ab: »Keine Erfolgschancen beim deutschen Leser.« Dann wurde »Frau Lot« aber von der »New York Times« zum »Buch des Monats« gewählt. Noch am gleichen Tage erhielt Kishon telegrafische Angebote von Verlegern aus aller Welt – auch vom S. Fischer-Verlag! Die »New York Times«, unbestechlich offenbar, hatte die Wahl getroffen, obwohl Kishon auf die Umfrage »Was halten Sie von Amerika?« unverblümt geantwortet hatte: »Wenn die Götter eine Nation bestrafen wollen, machen sie sie zum Verbündeten der Vereinigten Staaten.«
Man merkt: Es ist schwer, bei Kishon die Dichtung von der Wahrheit zu trennen. Sie gehen ineinander über wie bei der Satire eben üblich. Man habe ihn wiederholt darauf aufmerksam gemacht, sagt Kishon, daß seine Story über Kreuzworträtsel 50 Jahre zuvor von Tucholsky

geschrieben wurde. Und daß sein Einakter über einen magenkranken Einbrecher identisch sei mit einer Erzählung O'Henry's. »Dagegen ist man machtlos. Wir Humoristen haben eben den gleichen Vogel im Kopf.«
Im übrigen schreibt Kishon oft von sich selbst. Er weiß es, aber der Leser nicht. Der wirft ihm vor, was er da schrieb, habe so betrachtet einen Bart! »Ich kann nicht jedem erklären, daß es schließlich *mein* Bart ist!« Überhaupt: »Irgendwann, irgendwo und irgendwie ist alles schon einmal geschrieben worden.«
Und natürlich resultiert aus dieser selbstkritischen Betrachtung auch wieder eine Satire.
Er setzt seinem Kollegen Friedrich Torberg, »der rund 20 Bücher, mehrere Komödien, Hörspiele und weiß-Gott-noch-was von mir übersetzt hat«, ein dankendes Denkmal. Aus dieser Arbeitsgemeinschaft entwickelte Kishon nun wiederum eine Grotske: »Ich wollte unser Verhältnis legalisieren und sagte: ›Ich will dich heiraten‹.« Was sich nun daraus ergibt, diese Kurzgeschichte ist Torberg gewidmet, dem »besten Übersetzer von allen«.
Einmal hat Kishon – so erfährt man in diesem Beinahe-die-Wahrheit-Werk – »ein ergreifendes Liebeslied hineingedichtet«, hineingedichtet in die »lustige Tragikomödie« über den

»Scheidungsprozeß des Ehepaares Romeo und Julia«, Titel des Bühnenstücks »Es war die Lerche«. Kishon: »Lyrik war nie meine Stärke. Kein Wunder: Der Dichter schwebt in höheren Sphären, wohingegen der Satiriker mit beiden Beinen auf dem Boden steht.« Trotzdem also kam ein Lied über ihn, und es singt sich ziemlich kurios:

»Mein Liebeslied, geliebte Lisa,
mein Liebeslied gilt dir allein.
Bis Parma, Padua und Pisa,
will ich es singen, winseln,
schrei'n.
Der ganzen Welt soll es erklingen
und soll durch Steiermark und
Bein
zu Sonne, Mond und Sternen
dringen,
denn ich bin dein und du bist
mein.
Liebe Lisa, liebste Lisa
nichts und niemand kommt dir
gleich.
Du bist sanft und gummiweich,
du machst keine Nacht zur Frohn,
niemals fragst du: schläfst du
schon . . .

Anmerkung und Aufklärung: Lisa ist eine

Wärmflasche! Im Stück macht Lisa dem Romeo eine Eifersuchtsszene, als sie ihn mit einer 40 Jahre jüngeren Wärmflasche erwischt . . .

Andere erzählen, wenn sie 60 Jahre alt geworden sind und silberne Hochzeit feiern – hier begeht der Komik-König Ephraim Kishon diese mit seiner Leserschaft – die »Wahrheit« über sich. Man nennt das Memoiren. Die aber haben doch etwas mit »Erinnerungen« zu tun! Und Erinnerungen sind nur beinahe die Wahrheit.

Die letzten Geheimnisse preiszugeben, hat er sich wohl gehütet, auch kann man nach der Lektüre dieses Rezept-Buches nicht etwa selbst kishonieren. Man weiß aber nun endlich: Auch die heitere Muse muß die Stirn runzeln, ehe sie lächeln kann, denn es gibt nichts Schwierigeres auf der Erde als »einfach zum Lachen zu bringen«.

Das gilt zum Beispiel auch für Chaplin, den er einmal in Beverly Hills getroffen hat – als alten, schwerhörigen Mann, den man weder filmen noch ansprechen durfte. Daraus hat Kishon eine – ausnahmsweise – melancholische Geschichte entwickelt, oder besser: »Eine einfache Reportage, vielleicht die einzige, die ich in meinem Leben schrieb.« Auch das ist drin und möglich bei dem Beinahe-die-Wahrheit-Werk.

Zum guten Ende zwei Lügen. Frage an Kishon:

Wie wurden sie Humorist? Antwort: »Durch ein Mißverständnis.« Frage: Sind sie im Privatleben auch so komisch? Antwort: »Nur an ungeraden Tagen.«

Berliner Morgenpost, Bodo Kochanowski

Fragebogen

Was ist für Sie das größte Unglück?
Der Untergang der »Titanic«

Wo möchten Sie leben?
In der Schweiz als Gastarbeitsloser.

Was ist für Sie das vollkommene irdische Glück?
Gebratene Zwiebeln.

Welche Fehler entschuldigen Sie am ehesten?
Meine eigenen.

Ihre liebsten Romanhelden?
Sie erscheinen leider nur in Kurzgeschichten.

Ihre Lieblingsgestalt in der Geschichte?
Beria.

Ihre Lieblingsheldinnen in der Wirklichkeit?
Dolly Pipper und Ziva Lahat.

Ihre Lieblingsheldinnen in der Dichtung?
Nana.

Ihre Lieblingsmaler?
Breughel.

Ihre Lieblingskomponisten?
Offiziell Honegger, in Wirklichkeit Tschaikowsky.

Welche Eigenschaften schätzen Sie bei einem Mann am meisten?

Eigene Meinung.

Welche Eigenschaften schätzen Sie bei einer Frau am meisten?

Die Hüften und die Beine.

Ihre Lieblingstugend?

Dankbarkeit.

Ihre Lieblingsbeschäftigung?

Nichtstun.

Wer oder was hätten Sie sein mögen?

E. Kishon, zwanzig Jahre jünger.

Ihr Hauptcharakterzug?

Konstruktiver Zynismus.

Was schätzen Sie bei Ihren Freunden am meisten?

Reichtum.

Ihr größter Fehler?

Frühzeitige Senilität.

Ihr Traum vom Glück?

Harmloses Rauschgift.

Was wäre für Sie das größte Unglück?

Keine Zwiebel zum Braten zu finden (siehe Paragraph 3).

Was möchten Sie sein?

Ölscheich in Israel.

Ihre Lieblingsfarbe?

Schwarz.

Ihre Lieblingsblume?
Schwarze Tulpe.

Ihr Lieblingsvogel?
Geier.

Ihr Lieblingsschriftsteller?
No comment.

Ihr Lieblingslyriker?
Nikolaus Franz Nimbsch Edler von Strehlenau.

Ihre Helden in der Wirklichkeit?
Professor Sacharow.

Ihre Heldinnen in der Geschichte?
Mme Pompadour und Mme Recamier.

Ihre Lieblingsnamen?
Arnold, Oldwig, Gisella (mit 2 l!) und Johannes Mario.

Was verabscheuen Sie am meisten?
Geiz.

Welche geschichtlichen Gestalten verachten Sie am meisten?
Dreimal dürfen Sie raten!

Welche militärischen Leistungen bewundern Sie am meisten?
Den Sechstagekrieg.

Welche Reform bewundern Sie am meisten?
Die Reformhäuser.

Welche natürliche Gabe möchten Sie besitzen?
Sorry, ich besitze sie schon.

Wie möchten Sie sterben?

Plötzlich.

Ihre gegenwärtige Geistesverfassung?

Vorsichtige Zufriedenheit.

Ihr Motto?

»Alles kann man dem Menschen nehmen, außer das, was er gegessen hat.«

Fragebogen aus der Frankfurter Allgemeinen Zeitung

Register

Ephraim Kishon

Drehn Sie sich um,
Frau Lot!
Ullstein Buch 3427

Der seekranke Walfisch
Ullstein Buch 3428

Wie unfair, David!
Ullstein Buch 3429

Pardon, wir haben
gewonnen
Ullstein Buch 3430

Der Fuchs im Hühnerstall
Ullstein Buch 3431

Kishons beste
Familiengeschichten
Ullstein Buch 20001

Der quergestreifte
Kaugummi
Ullstein Buch 20013

In Sachen Kain & Abel
Ullstein Buch 20025

ein Ullstein Buch

Es war die Lerche
Ullstein Buch 20033

Mein Freund Jossele
Ullstein Buch 20053

Kishon für Kenner
Ullstein Buch 20065

Wenn das Auto
Schnupfen hat
Ullstein Buch 20137

Schokolade auf Reisen
Ullstein Buch 20158

Kishons beste
Reisegeschichten
Ullstein Buch 20333

Kishons beste
Tiergeschichten
Ullstein Buch 20527

Kein Öl, Moses?
Ullstein Buch 20569

Abraham kann nichts
dafür
Ullstein Buch 20723

Beinahe die Wahrheit
Ullstein Buch 20766

Im neuen Jahr
wird alles anders
Ullstein Buch 20981

Kein Applaus
für Podmanitzki
Ullstein Buch 20982

1248 Seiten, 5 Bände in Kassette

Langen Müller